一本书知晓中国历史丛书

一书通古今，开卷知天下。

本书看点：全书体例新颖，选材精当，表述生动，使你在轻松阅读中，尽览历史风云，汲取历史智慧。

YIBENSHU ZHIXIAO MINGCHAO

一本书知晓明朝

本书编写组◎编

世界图书出版公司
广州·上海·西安·北京

图书在版编目（CIP）数据

一本书知晓明朝/《一本书知晓明朝》编写组编
．—广州：广东世界图书出版公司，2010.8（2021.5重印）
ISBN 978-7-5100-2516-7

Ⅰ．①一… Ⅱ．①一… Ⅲ．①中国-古代史-明代-通俗读物 Ⅳ．①K248.09

中国版本图书馆CIP数据核字（2010）第151919号

书　　名	一本书知晓明朝
	YIBENSHU ZHIXIAO MINGCHAO
编　　者	《一本书知晓明朝》编写组
责任编辑	马立华
装帧设计	三棵树设计工作组
责任技编	刘上锦　余坤泽
出版发行	世界图书出版有限公司　世界图书出版广东有限公司
地　　址	广州市海珠区新港西路大江冲25号
邮　　编	510300
电　　话	020-84451969　84453623
网　　址	http://www.gdst.com.cn
邮　　箱	wpc_gdst@163.com
经　　销	新华书店
印　　刷	三河市人民印务有限公司
开　　本	787mm×1092mm　1/16
印　　张	13
字　　数	160千字
版　　次	2010年8月第1版　2021年5月第8次印刷
国际书号	ISBN 978-7-5100-2516-7
定　　价	38.80元

版权所有　翻印必究

（如有印装错误，请与出版社联系）

前　言

　　明朝是中国历史上最后一个由汉族建立的封建统一王朝。公元 1368 年,明太祖朱元璋在应天(今南京)称帝,定国号为"大明",明朝自此开始;公元 1644 年,李自成的大顺军攻占北京,崇祯帝自缢煤山,明朝自此灭亡。明朝历经太祖朱元璋、惠宗朱允炆、成祖朱棣、仁宗朱高炽、宣宗朱瞻基、英宗朱祁镇、代宗朱祁钰、宪宗朱见深、孝宗朱祐樘、武宗朱厚照、世宗朱厚熜、穆宗朱载垕、神宗朱翊钧、光宗朱常洛、熹宗朱由校、毅宗朱由检十六帝,共计 276 年。

　　明朝是上承元朝、下启清朝的重要朝代。明朝灭亡蒙元以后,汉族人在华夏土地上重新建立起自己的封建王朝。明朝的建立改善了汉人的地位,使得占人口绝大多数的汉族人民重新回到平民的位置上来,并为中国的进一步发展创造了有利条件。

　　公元 1368 年 8 月,朱元璋的起义大军在大将徐达、常遇春等人的指挥下一举攻破元大都北京,宣告了蒙元王朝的灭亡。同年,朱元璋称帝,改元洪武,建立了大明王朝,是为明太祖。朱元璋即位之后,立即着手对以前的制度进行改革,自太祖以后,明朝废去中书省和丞相,分政

一本书知晓明朝

权于吏、户、礼、兵、刑、工六部，并直接隶属于皇帝管辖。朱元璋在位 31 年，其后是惠帝朱允文即位。由于朱允文的削藩政策，朱元璋的四子燕王朱棣以"清君侧"为名，发起了"靖难之役"。经过四年的战争，朱棣打败惠帝统治集团，夺取了明朝政权，建元永乐，是为明成祖。

明成祖为了加强对北方少数民族的防御，遂于永乐八年（公元 1410 年）到永乐二十二年（公元 1424 年）五次亲征，先后打败了蒙古的鞑靼和瓦剌两部，并于永乐十九年（公元 1421 年）迁都北京，以此加强对北方各少数民族的控制。

明朝自成祖之后，历经仁宗、宣宗至英宗一直处于稳步上升阶段。公元 1449 年，瓦剌率军南侵，英宗和宦官王振领兵亲征，在土木堡遭到惨败，英宗被瓦剌俘虏。这就是中国历史上著名的"土木之变"。在北京留守的兵部侍郎于谦当机立断，拥立英宗之弟朱祁钰为帝即景泰帝，并进行了明朝历史上著名的北京保卫战，最后赢得了胜利。使瓦剌不得不释放英宗回朝。英宗回国后，于公元 1457 年乘景泰帝病重之机，在宦官的协助下发动政变夺回政权，成为中国历史上为数不多的"两朝天子"。英宗复位之后，助其夺权的宦官都被授以高官厚禄，这就导致了此后宦官的权力大大超出朝臣的权力，明朝的实际统治权几乎全部把持在他们手中，其中以武宗时期的刘瑾及熹宗时

期的魏忠贤为最甚。

明朝中后期，明神宗为了改变当时日趋混乱的政局，挽救统治危机，遂于万历元年（公元1573年）任命张居正为首辅进行改革，即中国历史上著名的张居正改革。张居正在经济、政治等方面采取了一系列改革措施，其中最为著名的就是在全国范围内推行"一条鞭法"。自张居正改革之后，明朝的社会经济有了较大起色，政治也相对稳定下来。

自明神宗之后，明朝开始走向衰落。公元1628年，明朝的最后一个皇帝明思宗崇祯帝即位。公元1664年，李自成率军攻占北京，崇祯帝在煤山自缢而死，大明王朝至此画下了休止符。

由于明朝在统治上相对比较稳定，因此明朝社会在各方面都有所发展。到明朝中期，不论是在科学技术方面，还是在文化方面，都已远远超过前代。明朝的科技文化发展尤为迅速，中国历史上著名的古典四大名著之三的《西游记》、《水浒传》、《三国演义》皆是出于明朝；在科技方面，也出现了一系列的科技巨著，如李时珍的《本草纲目》、宋应星的《天工开物》、徐光启的《农政全书》以及徐霞客的《徐霞客游记》等，这些科技著作均成为今日我们研究和借鉴古代技术的珍贵文献资料。在永乐年间，我国著名的航海家三宝太监郑和曾率远洋船队六次出使西

一本书知晓明朝

洋，最远到达非洲东海岸，加强了明王朝与世界各国在经济、政治等方面的联系，为中国走向世界做出了巨大贡献。

  本书共分为五章，分别讲述明朝著名的皇帝、皇后、文臣武将、历史事件以及明朝的科技文化成就。书中的内容言简意赅、通俗易懂，集知识性和故事性于一体，让您在轻松愉悦的阅读中，全面了解和把握大明王朝的历史。不过，由于编者的知识水平有限，书中不可避免地会有一些不妥和错误，敬请广大读者朋友批评指正。

一本书知晓明朝

目 录

著名皇帝篇

明太祖朱元璋是如何建立起大明王朝的？ 3
明成祖朱棣对中国历史有哪些贡献？ 5
为什么把明仁宗朱高炽称为"一代仁君"？ 7
明宣宗朱瞻基是如何登上皇位的？ 9
明英宗朱祁镇一生中经历了哪三大污点？ 10
明景帝朱祁钰有哪些功过？ 14
明宪宗朱见深是一个怎样的皇帝？ 18
明孝宗朱佑樘为什么被称为一位伟大的皇帝？ 22
为什么说明武宗朱厚照是一个荒唐的皇帝？ 25
明世宗朱厚熜一生与道教结下了怎样的缘分？ 28
明穆宗朱载垕对大明朝有什么贡献？ 30
明神宗朱翊钧一生经历了哪些风浪？ 32
明光宗朱常洛是怎么死的？ 36
明熹宗朱由校为什么被称为"木匠皇帝"？ 38
明思宗朱由检一生有哪些功过？ 40

著名皇后篇

为什么朱元璋的正宫马皇后称为孝慈皇后？ 45
明惠帝的皇后马氏是大明朝第一位殉国皇后吗？ 47

一本书知晓明朝

为什么把明成祖朱棣的皇后徐氏称为"仁孝"皇后？ …………… 50
明仁宗朱高炽的皇后张氏是怎样一位皇后？ ………………… 53
明宣宗为什么有两位皇后胡氏和孙氏？ ……………………… 56
明英宗的皇后钱氏为何死后不能与英宗同穴？ ……………… 58
明景帝的皇后汪氏是怎样一位皇后？ ………………………… 60
万贵妃与明宪宗的两位皇后吴氏、王氏为何纠缠不休？ …… 61
为什么把明孝宗与张皇后的婚姻称为皇宫中的"爱情童话"？ … 63
王满堂为什么被人称为"浣衣皇后"？ ………………………… 65
明世宗为什么有三位皇后？ …………………………………… 69
明思宗的皇后周氏是怎样一个皇后？ ………………………… 71

文臣武将篇

李善长一家为什么被朱元璋满门抄斩？ ……………………… 75
刘基为什么被称为第二孔明？ ………………………………… 77
宋濂为什么被朱元璋称为"开国文臣之首"？ ………………… 81
徐达为大明朝立下了怎样的汗马功劳？ ……………………… 83
汤和为大明王朝的建立做出了怎样的贡献？ ………………… 86
李文忠为明朝的创立做出了怎样的贡献？ …………………… 87
胡惟庸有哪些奸行劣迹？ ……………………………………… 89
常遇春为大明朝建立了哪些战功？ …………………………… 91
明成祖朱棣为什么派遣郑和出使西洋？ ……………………… 93
于谦为什么被称为民族英雄？ ………………………………… 96
戚继光是怎样抗击倭寇的？ …………………………………… 98
俞大猷一生都有哪些功绩？ …………………………………… 100

一本书知晓明朝

海瑞为什么被称为"海青天"? ……………………………… 103

张居正是怎样实现自己的政治抱负的? …………………… 104

明朝权臣严嵩为什么被称为"青词宰相"? ………………… 106

袁崇焕是怎么死的? ………………………………………… 110

魏忠贤都做了哪些龌龊勾当? ……………………………… 113

史可法是如何坚持保卫晚明王朝的? ……………………… 114

为什么把郑成功称作民族英雄? …………………………… 117

李自成起义经历了怎样的曲折历程? ……………………… 118

著名事件篇

朱升献策是怎么一回事? …………………………………… 125

胡蓝之狱是怎么一回事? …………………………………… 128

靖难之役是一场怎样的战争? ……………………………… 130

大礼仪之争是怎么一回事? ………………………………… 132

国本之争是怎么一回事? …………………………………… 134

明朝万历年间的援朝之战是怎样一场战争? ……………… 137

梃击案是怎么一回事? ……………………………………… 138

红丸案是怎么一回事? ……………………………………… 140

移宫案是怎么一回事? ……………………………………… 142

张居正改革都有哪些措施? ………………………………… 147

土木堡之变是怎么一回事? ………………………………… 150

夺门之变是怎么一回事? …………………………………… 151

北京保卫战是怎样一次战争? ……………………………… 152

国破自缢是怎么一回事? …………………………………… 155

一本书知晓明朝

科技文化篇

徐光启有哪些科技成就？ ················· 159
李时珍是怎样编写《本草纲目》的？ ············ 163
宋应星有哪些科技成就？ ················· 165
方以智有什么科学成就？ ················· 168
徐霞客是如何写成《徐霞客游记》的？ ··········· 171
《金瓶梅》具有怎样的价值？ ················ 174
《永乐大典》具有怎样的价值？ ··············· 176
冯梦龙最大的文学成就是什么？ ·············· 177
凌蒙初有哪些文学成就？ ·················· 179
江南四大才子是指哪四个人？ ··············· 183
吴承恩是如何写《西游记》的？ ··············· 186
《水浒传》是施耐庵写的吗？ ················ 190
《三国演义》是罗贯中一个人创作出来的吗？ ······· 192
汤显祖有哪些文学成就？ ·················· 193
沈周有哪些绘画成就？ ··················· 195
仇英有哪些绘画成就？ ··················· 196
朱耷有哪些文学成就？ ··················· 197

著名皇帝篇

善名稱吉祥經

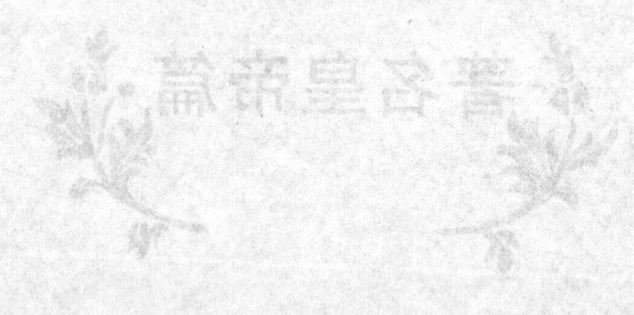

明太祖朱元璋是如何建立起大明王朝的？

朱元璋，字国瑞，原名朱重八，后取名朱兴宗，后又改名元璋。大明王朝的开国皇帝，因为推翻了蒙古族即元朝在中原的统治，故被列为民族英雄。朱元璋是继汉高帝刘邦之后第二位平民出身并且统一全国的皇帝。朱元璋在位31年，年号洪武，葬于明孝陵。

朱元璋出身贫寒，没有什么文化，后来却成为了中国历史上一位很有作为的英明君主。民间有很多关于他的传说，他也是中国历史上一位富有传奇色彩的人物。

朱元璋于元朝天顺帝天历元年九月十八（公历1328年10月21日）出生于今安徽省凤阳县的一个贫苦农民家庭，排行第四。父亲朱五四（后改为世珍），母亲陈氏。和大多数封建皇帝一样，朱元璋的出世也被人为地增添了几分传奇色彩，根据《明史》记载：朱元璋的母亲刚怀孕时，曾经做了一个怪梦，梦中有一个神仙给了她一粒仙药，放在手中闪闪发光，于是她就吃了下去，他母亲从梦中惊醒，但是仍余香满口。等到朱元璋出生时，红光满屋，时值夜晚，红光从屋中射出，邻居见后，以为失火，赶忙奔走相救，结果是虚惊一场。

朱元璋自幼家境贫寒，父母兄长都死于瘟疫，孤苦无依，曾入皇觉寺为僧，兼任清洁工、仓库保管员、添油工等。入寺还不到两个月，因为荒年寺租难收，寺主封仓遣散众僧，朱元璋不得不背井离乡，成为游方僧人。

一本书知晓明朝

后来在同乡好友汤和的举荐下，朱元璋参加了郭子兴领导的农民起义军即红巾军，反抗蒙元暴政。在郭子兴手下，朱元璋屡建战功。郭子兴死后，朱元璋继续统率郭部，任小明王韩林儿的左副元帅。后来因为战功卓著，朱元璋得到连续升迁。到了公元1356年，很多将领推举朱元璋为吴国公。公元1364年，朱元璋即吴王位。公元1367年4月，吴王朱元璋命中书右丞相徐达为征虏大将军、平章常遇春为副将军，率25万大军北进中原。在北伐过程中，朱元璋发布文告，文告中提出"驱逐胡虏，恢复中华，立纲陈纪，救济斯民"的纲领，以此来感召北方人民起来反元。朱元璋顺应时代潮流，凭借其雄才大略、远见卓识对北伐做出了精心部署，提出先取山东，撤除元朝的屏障；再进河南，切断元朝的羽翼，夺取潼关，占据元朝的门槛；然后进兵大都，这时元朝已经势孤援绝，不战而亡；再派兵西进，山西、陕北、关中、甘肃可以席卷而下。北伐大军依计而动。徐达率兵先取山东，再西进，攻下汴梁，然后挥师潼关。朱元璋到汴梁坐镇指挥。公元1368年，朱元璋在南京称帝，国号大明，年号洪武。公元1368年7月，各路大军沿运河直达天津，27日占领通州。元顺帝妥欢贴睦尔率后妃、太子和大臣，开健德门逃离大都，经居庸关逃奔上都。8月2日，明军占领大都，元朝至此灭亡，蒙古结束了在中原长达99年的统治历史，汉人终于重掌了政权，做回了主人。

经过十数年的征战讨伐，朱元璋终于实现了自己的梦想，"驱逐胡虏，恢复中华"，从一个横笛牛背的牧童、小行僧，成为

明朝的开国皇帝。

公元1371年，明军入川，夏主明升暗降，四川平定。公元1381年，朱元璋命傅友德、沐英、蓝玉进攻云南，次年攻破大理，基本上完成了南方的统一。公元1387年，冯胜、傅友德、蓝玉奉命进攻辽东元朝残将纳哈出，纳哈出无路可逃，率众投降，辽东平定。至此，除漠北草原和新疆等地以外，全国基本上完成了统一。

朱元璋在位31年，推翻了蒙元的暴政，建立了全国统一的封建政权——明朝。朱元璋在位期间，为了缓和尖锐的阶级矛盾、民族矛盾和统治阶级内部各集团之间的矛盾，实行了抗击外侵、革新政治、发展生产、安定民生等一系列有利于社会进步的政策，在政治、经济、军事、思想等方面大力加强君主专制的中央集权统治，取得了卓越的成效。

明成祖朱棣对中国历史有哪些贡献？

明成祖朱棣，是明朝第三位皇帝，明太祖朱元璋的第四子。出生于应天（今江苏南京），初封燕王，曾居于凤阳，对民情颇有了解。曾多次受命参与北方军事活动，两次率军北征，这也加强了他在北方军队中的影响。

朱元璋晚年，太子朱标、秦王朱樉、晋王朱棡先后死去，朱棣不但在军事实力上，而且在家族尊序上都成为诸王之首。朱元璋去世后以后，继位的建文帝朱允炆实行削藩政策，朱棣遂于建文元年（公元1399年）七月发动了中国历史上著名的靖难

一本书知晓明朝

之役,四年六月攻入南京,夺取了帝位,第二年改元永乐。

永乐十九年(公元1421年),明成祖朱棣将都城迁往北京,以南京为留都。极力肃整内政,巩固边防,政绩颇著。在文化事业上,明成祖注重加强儒家文化思想的统治,大力扩充国家藏书。永乐四年(公元1406年),他到御殿观览图书,曾经问大学士解缙:"文渊阁里的经史子集是否全备?"解缙回答说:"经史粗备,子集尚多阙。"于是他命令解缙等人开始编纂《永乐大典》。并于永乐六年(公元1408年)最终编成,共22877卷,装成11095册,定名为《永乐大典》,藏于"文渊阁"中。这对保存古代文化典籍,具有非常重要的贡献。迁都以后,朱棣命令将南京之书大量北运,将《永乐大典》运至北京后,专门收藏于"文楼"。收录进永乐大典的图书,均未删未改,这实在是对中华文化的一大贡献。

朱棣即位后,曾先后五次北征蒙古,追击蒙古残部,缓解其对明朝的威胁;朱棣为保证北京粮食与各项物资的需要,于永乐九年疏浚会通河,十三年凿清江浦,使运河重新畅通,对南北经济文化交流与发展起了重要的作用;朱棣迁都并营建北京,成为中国历史上第一个定都北京的汉人皇帝,奠定了北京此后500余年的首都地位;朱棣设立了奴儿干都司,以招抚为主要手段管辖东北少数民族;最令他闻名于世的是郑和先后七次下西洋,最远到达非洲东海岸,沟通了中国与东南亚及印度河沿岸国家的联系;朱棣还十分注意社会经济的恢复与发展,认为"家给人足"、"斯民小康"是天下治平的根本,他大力发展

一本书知晓明朝

和完善军事屯田制度和盐商开中则例，保证军粮和边饷的供给，在中原各地鼓励垦种荒闲田土，实行迁民宽乡，督民耕作等方法以促进生产，通过这些措施，永乐时"赋入盈羡"，明朝的社会经济达到了一个高峰。因此，明成祖可谓是功绩累累的一代雄主。

永乐二十二年，朱棣死于北征回师途中的榆木川（今内蒙古乌珠穆沁），葬于长陵，庙号太宗，嘉靖时改为成祖。

为什么把明仁宗朱高炽称为"一代仁君"？

明仁宗朱高炽，是明成祖的长子。永乐二十二年八月，成祖朱棣病逝，朱高炽继位，是明朝的第四位皇帝，仅仅在位10个月，于洪熙元年五月暴死，终年48岁，葬于北京昌平天寿山献陵（今北京十三陵）。

朱高炽即位以后，改年号为洪熙，开始了他一系列的改革措施，首先朱高炽赦免了建文帝的旧臣和成祖时遭连坐流放边境的官员家属，并允许他们返回原籍，又平反冤狱，使得许很多冤案得以昭雪，如建文朝忠臣方孝孺的冤案，永乐朝解缙的冤案等等都在这一时期得到了平反。并且恢复了一些大臣的官爵，从而缓和了统治集团内部的矛盾。

朱高炽非常注重选用贤臣，削汰冗官。他任命杨荣、杨士奇、杨溥三人（史称三杨）辅政。废除了古代的宫刑，停止了宝船下西洋，停止了皇家的采办珠宝等等，处处以唐太宗为楷模，修明纲纪，爱民如子。他还下令减免赋税，对于受灾的地区

无偿给予赈济，开放一些山泽，供农民渔猎，对于流民一改以往的刑罚，采取妥善安置的措施，这一切都使得洪熙朝人民得到了充分的休养生息，生产力得到了空前的发展，使得明朝进入了一个稳定、强盛的时期，成为"仁宣之治"的开端。

在思想上，朱高炽崇尚儒学，褒奖忠孝，在他统治期间，儒家思想得到了充分的发展，他还在京城思善门外建弘文馆，常与儒臣们终日谈论经史。朱高炽非常善于纳谏，曾经给杨士奇等人一枚小印，鼓励他们进谏，因此洪熙朝政治十分清明，朝臣可以各抒己见，皇帝可以从谏如流、择善而行。朱高炽在后宫之中也不贪恋女色，除皇后张氏以外，仅有谭妃一人。张氏皇后非常贤良淑德，与朱高炽相敬如宾；谭妃亦是一位贤内助，在朱高炽死后自缢殉节，被谥为昭容恭禧顺妃。

朱高炽对科举制度也做出了重要的贡献，当时因为南方人聪明而且刻苦，进士之中多为南方人，而北方人天性纯朴、忠贞，也是朝廷不可或缺的支柱，但北方人文采出众的较少，为了保证北方人同样可以考中进士，朱高炽规定了取中比例为"南六十、北四十"这一制度，并且一直被沿用到清朝。

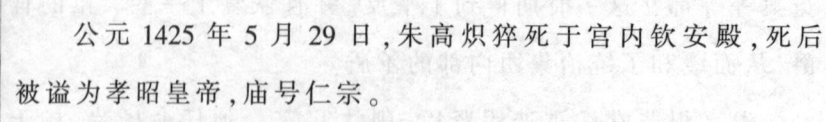

公元1425年5月29日，朱高炽猝死于宫内钦安殿，死后被谥为孝昭皇帝，庙号仁宗。

可能有人会提出质疑：朱高炽在位不到一年，他怎能做出这么多的贡献呢？原因应该追溯到明成祖朱棣那里：朱棣在位期间有大部分时间都在北征，朝中的政务一直都是交给朱高炽来掌管的，因此朱高炽有充分的时间来推行自己的政策，为自

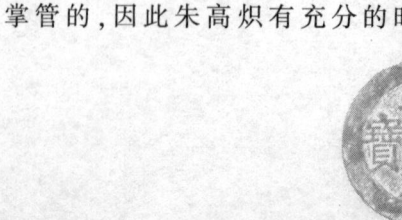

己即位打下了良好的基础。因此,明仁宗朱高炽"一代仁君"的称号是当之无愧的。

明宣宗朱瞻基是如何登上皇位的?

明宣宗朱瞻基,是明仁宗朱高炽的长子,仁宗病故后继位。建文元年(公元1399年)二月三日生于燕王府。永乐九年(公元1411年)十一月十日立为皇太孙;二十二年(公元1424年)仁宗即位,十月十一日,朱瞻基被立为皇太子。洪熙元年(公元1425年)六月十二日即皇帝位,次年改元宣德。宣德十年(公元1435年)正月初三,逝于乾清宫,享年37岁,葬于明十三陵之景陵。

据说,在朱瞻基出生的当天晚上,他的皇祖当时还是燕王的朱棣曾经做了一个梦,他梦见太祖皇帝将一个大圭赐给了他,大圭上镌着"传之子孙,永世其昌"八个大字。在古代,大圭象征着权力,朱元璋将大圭赐给他,正说明要将江山送给他。朱棣醒来之后,正在回忆梦中的情景时,忽然有人禀报说皇孙朱瞻基降生了。朱棣立刻意识到难道梦中的情景正印证在孙子的身上?他马上跑去看孙子,只见小瞻基长得与自己十分相似,而且脸上有一团英气,朱棣看后非常高兴。此事对以后朱棣下决心发动靖难之役起到了很大的激励作用。

公元1411年,朱瞻基被明成祖朱棣册封为皇太孙。并且朱棣亲自挑选当时的著名文臣担任朱瞻基的老师,同时朱棣还时常亲自教导。永乐中期以后的远征漠北,朱棣经常把朱瞻基带在身边,让他了解如何带兵打仗,锻炼他的勇气,这对后来朱

一本书知晓明朝

瞻基的亲征有非常大的帮助。每次经过农家,朱棣都会带朱瞻基到农家看看,让他了解农家的艰辛,敦促他以后作一位爱民的好皇帝。朱棣的精心教导对朱瞻基以后成为著名的守成之君,有着极其重要的意义。

从很大程度上讲,朱高炽被立为太子是沾了儿子的光,因此父子俩就成了朱高煦等人的眼中钉,年轻的朱瞻基也被卷入了这场斗争,但是凭着祖父对他的喜爱,凭着他的勇气和睿智,他总是能帮助父亲化险为夷,最终使得朱高炽登上了皇帝的宝座。不料父亲仅仅坐了十个月的皇位就暴病离世了。

朱高炽病逝时,朱瞻基正在南京,当日他动身北归,曾听说他的皇叔、汉王朱高煦要在半路截杀他,然后自立为帝。很多亲信下属都劝他整顿兵马以作防范。朱瞻基却道:"君父在上,谁敢如此胆大妄为?"仍然轻身出发,日夜兼程赶赴北京,当时朱高煦还没有派人设埋伏,他没有料到朱瞻基的速度会如此之快。回到北京以后,朱瞻基一方面妥善处理了父皇的后事,一方面加紧北京城的戒备,以防有人伺机作乱,而后从容登基,改年号为宣德,即为大明宣宗皇帝。

明英宗朱祁镇一生中经历了哪三大污点?

明英宗朱祁镇,是明朝第六代皇帝,是明宣宗朱瞻基长子,明代宗朱祁钰的兄长,明宪宗朱见深的父亲。公元1435年即位,年号正统,即位时年仅9岁。即位时曾有三杨(杨士奇,杨荣,杨溥)和英国公张辅辅佐,社会比较安定。

一本书知晓明朝

明英宗刚刚出生4个月就被立为太子,母以子贵,孙贵妃也因此得以正位后宫,胡皇后被迫让位。由于宣宗皇帝一手导演了废后的闹剧,因此在他的一生英名中点上了一个很大的污点。

朱祁镇于宣德十年(公元1435年)正月即位,时年九岁,年号正统,改次年为正统元年。自此开始了他传奇的一生。

随着仁宣朝重臣"三杨"的相继去世和引退,加之后宫宦官势力的急剧膨胀,正统朝的政治日益腐败,著名的大宦官王振就是正统朝宦官专政的代表人物,英宗对他言听计从,他也依仗皇帝的威严排除异己、树立朋党。

当时,元朝在漠北的势力已经一分为二:瓦剌与鞑靼,两个部落互相征伐。到了英宗时期,瓦剌逐渐强大起来,并不断骚扰明朝的北部边境,瓦剌部当时的实权掌握在也先的手里,他经常派人以向朝廷进贡为名,骗取赏赐,因为当时明英宗对进贡国家的使者,无论贡品如何,都会给予非常丰厚的赏赐,而且是按人头派发。也先正是看中了这一点,派出的使臣不断增加,最后竟然多到3000余人。

王振对此忍无可忍,下令减少赏赐,也先以此为借口对明朝发动战争。英宗年少气盛,打算御驾亲征,王振也想耀武扬威,名留青史,极力撺掇朱祁镇亲征,但是由于当时明廷的主力军都在外地作战,短时间难以调回,因此朝中大臣都极力劝阻英宗不要亲征,但最终还是没有改变英宗的态度。英宗从京师附近临时拼凑了50万军队,在其统一领导下浩浩荡荡地开

一本书知晓明朝

始了亲征。

因为连日大雨,加上粮饷供给不足,军队的士气日益衰退。行至大同附近,看到被也先杀的尸横遍野明军尸体,英宗和王振动摇了,于是决定撤军。

王振的老家在蔚州,距离大同非常近,于是他决定大军绕道蔚州撤退。王振的提议立即遭到很多人的反对,认为这样会耽误撤退的时机,但是王振根本听不进去,加上英宗也希望给王振衣锦还乡的机会,于是大军开始朝蔚州方向进发。

这时王振又心血来潮,怕大军经过会踩坏家乡的庄稼,自己会遭到唾骂,于是建议按原路撤军,因此宝贵的时间又被耽误了。当大军行到怀来附近时,辎重还没有赶到,于是王振下令原地驻扎等待。

在怀来城外的土木堡,明军被也先大军包围住。也先切断了明军的水源,并且以假意议和为烟雾弹,趁明军不备,发动了总攻。明朝的军队全军覆没,英宗被俘,王振也被明将樊忠杀死。这就是历史上著名的土木之变。从此,英宗开始了他一年的北狩生活。土木之变成为明英宗一生中的第二大污点。

英宗被掳以后,孙皇后和很多朝廷重臣拥立朱祁钰为帝,年号景泰,是为明代宗。这样明廷上下也算安定了下来,同时明代宗颁下诏谕,不许私自与也先联系。

本来,也先想以明英宗作要挟大捞一把。结果明代宗把他的计划给搅得泡汤了,于是气急败坏的也先率领瓦剌军队进攻北京城。北京军民在兵部尚书于谦的领导下击退了瓦拉的军队。

一本书知晓明朝

也先不得不和朱祁钰讲和,并称"迎使朝来,大驾西去"。但是当时代宗已经坐稳了皇位,不想派人迎回英宗,不过在众大臣的一再要求下,只得派遣使者先去探听情报。第二次派往瓦剌的使者叫杨善,此人巧舌如簧,在没有圣旨的情况下迎回了英宗,英宗皇帝自此终于结束了他一年的北狩生活,回到了北京。

英宗回到北京以后,代宗尊他为太上皇,但英宗并没有得到应有的礼遇,代宗将他软禁在南内。自此,英宗就在惊恐和饥饿中度过了他7年的软禁生活。

公元1457年,代宗病重,但是储嗣的问题还没有确定下来,很多大臣决定在第二天上朝时进谏,请求皇帝早立储君。谁料就在当天晚上爆发了一场政变,原来五清侯石亨、徐有贞,宦官曹吉祥等人密谋帮助英宗复辟,希望成功以后可以飞黄腾达。

事有凑巧,当时北边传来了瓦剌骚扰边境的消息,于是石亨等人借机以保护京城安全为名向京城调兵遣将,这时忽然天上乌云密布,伸手不见五指,众人以为遭到天谴,都非常害怕,徐有贞站出来告诉大家不要退缩,众人继续前进,并且很顺利地进入了皇城,直奔南宫,石亨派人撞开宫门,并请英宗登辇,这时乌云突然散尽,月明星朗,众人的士气空前高涨,簇拥着英宗直奔大内。守门的军卒本想阻拦,这时英宗站了出来,表明了自己的身份,守门的兵卒傻了眼,众人兵不血刃进入了皇宫,朝皇帝举行朝会的奉先殿而来,并将英宗扶上了宝座,历

一本书知晓明朝

史上称之为"南宫复辟"。英宗就这样又重新登上了皇位。当时代宗正在后宫梳洗，听到这个消息后差点瘫坐在地上，心知一切都已经完了。

英宗复辟以后，改元天顺。代宗连病带气，不久就病死了，终年30岁，被葬于北京西山。在石亨和曹吉祥的极力劝说下，英宗以"谋逆罪"杀害了北京保卫战的总指挥于谦，这成为英宗人生中的又一大污点。

但是英宗复辟以后，政治要清明得多。英宗任用了李贤、王翱等贤臣。他曾对首辅李贤说过他每天的起居情况："吾早晨拜天、拜祖毕，视朝。既罢，进膳后阅奏章。易决者，即批出，有可议，送先生处参决。"因此，英宗也应算是一代仁君。他还释放了从永乐帝就开始被囚禁的"建庶人"（建文帝的幼子朱文圭，靖难后被幽禁宫中逾五十年），恢复宣德朝胡皇后的称号，下旨废止帝王死后嫔妃殉葬的制度，这些积极举措被史学界称为"盛德事可法后世者矣"。

公元1464年，英宗病逝，享年38岁，葬于裕陵，庙号英宗。英宗就这样走完了他复杂的人生之路。

明景帝朱祁钰有哪些功过？

明代宗朱祁钰，是明朝的第七代皇帝，在位8年。朱祁钰是明宣宗朱瞻基的次子，明英宗朱祁镇的弟弟。明英宗即位以后，朱祁钰被封为郕王。正统十四年，英宗亲征瓦剌也先，在土木堡被俘。消息传到明廷，皇太后命朱祁钰监国。不久瓦剌以

14

英宗要挟明朝,于谦等人为瓦解瓦剌的阴谋,于是立朱祁钰为帝,是为明代宗。朱祁钰即位之后,遥尊英宗为太上皇,英宗子朱见浚为太子,以次年为景泰元年。景泰三年,代宗废去朱见深的太子之位,改立自己的儿子朱见济为太子,但朱见济却在次年病逝。朱祁钰在病中因英宗复辟被废黜软禁而气死,终年30岁,葬于北京市郊的金山口。

朱祁钰的一生命运多舛。他的生母原本是汉王府邸的一名侍女,这位汉王就是著名的永乐皇帝的次子朱高煦。明宣宗宣德年间,宣宗皇帝对叔父汉王朱高煦用兵,御架亲征生擒朱高煦父子,并将汉王宫的女眷充入后宫为奴婢。在返京途中,宣宗皇帝邂逅了汉宫侍女吴氏,并深深被吴氏的美貌与聪慧所打动,因此吴氏得以陪伴宣宗皇帝直到回京。回京以后,由于封建礼教的束缚与阻挠,身为罪犯的吴氏是不能被封为嫔妃的,于是宣宗皇帝把她安排在一个紧贴宫墙的大宅院里,并时常临幸。后来,吴氏珠胎暗接,为宣宗诞下次子,取名朱祁钰,即后来的景泰帝。吴氏亦因此被封为贤妃,但仍然住在宫外。宣德八年,宣宗病重,命人将朱祁钰母子召进宫,托付自己的母后张太后善待朱祁钰母子。托孤之后,宣宗架鹤西去,由于时逢皇帝的大丧,无人顾及吴氏母子的身世,他们就这样被大家接受了。张太后没有食言,不久就封朱祁钰为郕王,并为他们母子建造了王府。

原本朱祁钰母子可以平静地度过一生,但是土木堡的狼烟改变了他们的生活际遇,先是朱祁钰奉命在明英宗御架亲征期

一本书知晓明朝

间担任监国,后来由于英宗被俘,太子朱见浚(即后来的明宪宗)才两岁,国无长君,郕王朱祁钰就被推上了前台,在皇太后的授意下,朱祁钰继承了皇位。

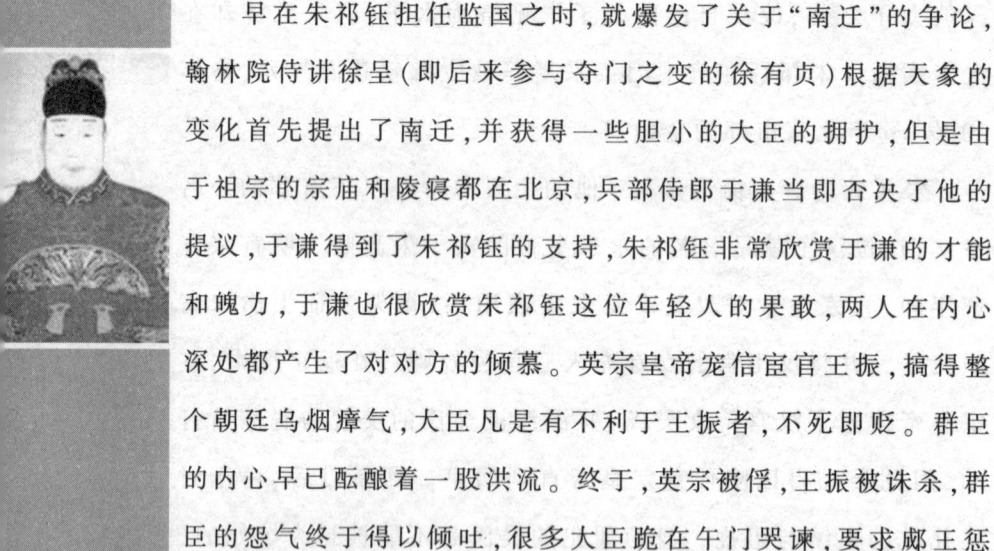

早在朱祁钰担任监国之时,就爆发了关于"南迁"的争论,翰林院侍讲徐呈(即后来参与夺门之变的徐有贞)根据天象的变化首先提出了南迁,并获得一些胆小的大臣的拥护,但是由于祖宗的宗庙和陵寝都在北京,兵部侍郎于谦当即否决了他的提议,于谦得到了朱祁钰的支持,朱祁钰非常欣赏于谦的才能和魄力,于谦也很欣赏朱祁钰这位年轻人的果敢,两人在内心深处都产生了对对方的倾慕。英宗皇帝宠信宦官王振,搞得整个朝廷乌烟瘴气,大臣凡是有不利于王振者,不死即贬。群臣的内心早已酝酿着一股洪流。终于,英宗被俘,王振被诛杀,群臣的怨气终于得以倾吐,很多大臣跪在午门哭谏,要求郕王惩治王振的余党,此时王振的死党锦衣卫指挥马顺出来阻挡,当即被愤怒的群臣击毙,郕王见状唯恐发生哗变,意欲逃走,这时于谦站了出来,他拉住郕王的衣袖,对郕王说群臣并非冲着郕王而来,只要郕王能惩治王振的党羽,群臣都愿辅佐郕王共成大业。于是,朱祁钰下令将宫内两个王振的死党带出来,交由群臣处置,这二人也被群臣当场打死。

朱祁钰在位期间,很多被王振排挤的忠臣义士得以重归庙堂,吏治为之一新。朱祁钰升兵部侍郎于谦为兵部尚书,并且组织京城保卫战。通州的粮草被抢运往京城,京城以及京城周围的防御工事都进一步加固,于谦还亲自编练了新军,并释放

了石亨参加战斗。同时，朱祁钰下明诏，各边守将不得私自与也先接触，如此一来，也先妄图利用英宗骗取明朝财物、城池的梦想成空。气急败坏的也先率军铺天盖地向京城涌来。由于于谦的战前准备非常充分，加上北京军民的空前团结以及领兵将帅作战勇猛，因此给了瓦剌军沉重的打击，也先不得不退回草原。风雨飘摇的明朝政权终于在这一战之后稳定了下来。

景泰朝的政治与正统朝相比虽然说是比较清明的，但是朱祁钰在处理英宗与太子的问题上犯了重大的错误，这就导致了他后来悲剧性的结局。朱祁钰在坐稳帝位之后，就犯了宋高宗的毛病，不愿迎接上皇回京，担心会影响自己皇帝的宝座，并因此与朝臣发生了一些龌龊的勾当，这时于谦又一次站了出来，他向朱祁钰保证上皇返京不会影响其皇位，朱祁钰最终被说服，不过他只是派出使者打探消息，并没有提出迎接，不料派去的使臣杨善随机应变，竟将上皇迎回京城，木已成舟，朱祁钰也只好接受了这个事实。将英宗迎回北京之后，朱祁钰将他软禁在南内。在处理英宗回归的问题上，朱祁钰表现得很狭隘，这也是他一生中最大的污点。

英宗回京以后，朱祁钰派人严加看管，正如于谦所说，英宗的回归并没有影响到朱祁钰的皇位。然而朱祁钰并没有满足于此，他不但自己要做皇帝，而且希望自己儿子朱见济也能取代英宗的太子朱见浚成为皇位的合法继承人，因此他亲手导演了一幕贿赂朝臣的闹剧。朱祁钰授意太监去贿赂当时的重要朝臣，希望他们在重建储君的问题上站在自己这边，大臣们不愿

公开反对朱祁钰，只好对此事睁一只眼闭一只眼。就这样，太子朱见浚被废为沂王，朱祁钰的儿子朱见济被立为太子。但是，天不遂人愿，朱见济早早夭折，朱见浚也因此在精神上受到了沉重的打击。景泰八年，朱祁钰突然患上重病，立储又成为焦点问题，但是诸大臣的意见并不一致，有的主张复立沂王朱见浚，有的主张立襄王。突然内宫传来朱祁钰病体好转的消息，于是诸大臣准备次日上朝与朱祁钰商议。朱祁钰由于大病初愈，第二天早上起床后不久就又睡着了，这一个回笼觉改变了朱祁钰的一生，也改变了大明朝的命运，更改变了历史车轮的方向。就在当天夜里，爆发了著名的夺门之变，英宗复辟。第二天，朱祁钰被废为亲王，被软禁于西内，不久连病带气，死于永安宫。朱祁钰的统治时代就这样画上了句号。

明代宗朱祁钰曾鼎力支持于谦反对南迁，取得了北京保卫战的胜利，他还重用正统朝被迫害的忠直大臣，在危难之际力挽狂澜，并且对明朝战后的恢复做出了贡献。但是，在对待英宗的问题上，朱祁钰显得过于小气，同时在太子问题上，他又得寸进尺。最终，他的一生以悲剧告终。

明宪宗朱见深是一个怎样的皇帝？

明宪宗朱见深，原名朱见浚，明朝第八位皇帝，公元1464年—1487年在位，年号成化，死后葬于明十三陵之茂陵，庙号宪宗。

朱见深3岁时，父亲英宗朱祁镇在与瓦剌的交战中被俘。

其叔父明代宗朱祁钰继承皇位,他被立为太子。但是,当朱祁钰的皇位坐稳之后,就废除了朱见深的太子之位,改立自己的儿子朱见济为太子。朱见深11岁时,其父朱祁镇重掌皇位,他遂再一次成为太子。由于他幼年就卷在皇位之争的漩涡中,精神压力非常之大,因此留下了口吃的毛病。这一年,他改名为朱见深。天顺八年(公元1464年),朱见深继承了皇位,开始了他23年的统治。朱见深性格沉稳安静、谨慎宽和。他性格中最宽厚的一面,体现在他对朱祁钰的态度上。成化三年,一个叫黎淳的大臣请求追查当初废除太子的旧事,宪宗批答说:"景泰事已往,朕不介意。"因此,清人修《明史》时说朱见深"恢恢然有人君之度"。朱见深统治期间,除了南方广西的瑶族叛乱、荆襄郧阳山区的流民之外,政局基本上比较稳定。

朱见深即位后任用李贤为相,李贤也"以受知人主,所言无不尽",回报知遇之恩。当时,为宪宗所倚重的阁臣还有孜孜奉国数十年、"持正存大体"的彭时、商辂等人,可谓是人才济济。在他们的辅佐下,朱见深即位后做了不少值得后人称颂的事。最值得一提的是,宪宗皇帝的拨乱反正做得很好,他先是为于谦昭雪,并让大量被贬逐的正直大臣复职,因此赢得了朝野的一片称颂。随后,他又不记恨朱祁钰废掉自己的太子之位,以德报怨,恢复了景泰帝的帝号,对景泰帝的陵寝进行了修缮。

朱见深即位之初的政治还是比较清明的,而且颇有振兴的气象。可惜好景不长,随着他对贵妃万贞儿的宠爱以及对宦官汪直等人的宠信,他越来越怠于朝政,开始沉迷于神仙、佛道

和长寿秘术，纵情于声色之娱和货利之乐。因此，执政后期的朱见深不再是一个励精图治、有所作为的皇帝，而是一个碌碌无为、骄奢淫逸的皇帝。

随着土地兼并的日趋严重，大量农民流离失所，大规模的内乱正处在酝酿之中。成化时期，这种情况进一步恶化，百姓们终于忍无可忍，荆襄爆发了刘千斤起义，广西爆发了少数民族起义，虽然这些起义最终归于失败，但却为明朝的统治敲响了警钟。

值得一提的是，广西的少数民族起义虽然被镇压了，但是其影响却非常"深远"，因为成化朝最显眼的两位人物都出自此次起义的战俘，一个是一手遮天的大太监汪直，另一个是明孝宗的生母纪淑妃。

汪直原本是广西少数民族，由于起义的失败，成年男子被杀，小孩和女人被送入宫中为奴，汪直因此进宫做了太监，由于他善于钻营，善于巴结，很快攀附上了当时宫中的实权派万贵妃，因此官运亨通。成化十三年，宪宗皇帝设立了著名的特务机构西厂，使得明朝的厂卫制度达到顶峰，汪直当时就掌握着西厂的实际指挥权。汪直凭借特务机构排除异己，树立朋党，朝野上下被他搞得乌烟瘴气。

汪直还曾多次作为监军随军出战，所到之处官吏都逢迎巴结，加紧搜刮民脂民膏，购买大量奇珍异宝取悦汪直。汪直的倒行逆施引起了朝野的交相弹劾，宪宗皇帝也因此对他失去了兴趣。在汪直的最后一次监军过程中，宪宗索性将他留在了边

关,随后又将他贬到了南京,汪直就这样退出了明朝的政治舞台。

但是,明廷并没有因为汪直的退出而安定下来,宪宗皇帝开始宠信佛道,任用奸佞,很多社会无赖、骗子打着某某法师、某某真人的旗号混入宫中,因此这一时期的官吏腐败到了极点,当时百姓就有"纸糊三阁老、泥塑六尚书"的说法。这些朝廷的蛀虫不但贪赃枉法,而且为了取悦宪宗时常以房中术进献,明朝政治出现了前所未有的混乱。

宪宗皇帝最令人费解的是他竟然喜欢一个比自己大19岁的宫女,而且终其一生都没有改变。这位宫女就是贵妃万贞儿。宪宗宠幸万贵妃造成了明朝第一个外戚乱政的局面,他的亲戚在她的庇护下到处抢占民田,而且不少官吏也通过贿赂她而得到了提升。

万贵妃紧紧笼络住宪宗皇帝,使得后宫无人敢冒犯她的势力。宪宗皇帝的正宫皇后吴氏,就是因为与万贵妃发生了口角,结果被打入了冷宫。由于万贵妃的亲生子夭折,为避免失宠,她开始控制被皇帝临幸的宫女,一旦发现宫女怀有身孕,要么强迫打胎,要么赐死。

成化二十三年,万贵妃暴病而终,宪宗皇帝也因悲伤过度于数月后去世,谥号纯皇帝,葬于茂陵。他只为太子朱佑樘留下了一个千疮百孔的江山。

明孝宗朱佑樘为什么被称为一位伟大的皇帝？

明孝宗弘治皇帝朱佑樘，成化六年（公元1470年）七月三日生于西宫。明宪宗成化皇帝的第三子，母淑妃纪氏。由于万贵妃所生第一子及贤妃柏氏所生的悼恭太子夭折，成化十一年，朱佑樘被册立为太子。

明孝宗朱佑樘可谓明代中期的一位仁君。他的童年生活十分不幸。其母纪氏是广西纪姓土司的女儿，纪姓叛乱平息之后，少女纪氏被带入皇宫。由于纪氏端庄、聪慧，被选送内书堂学习，然后被派充内廷书室看护藏书。因为宪宗朱见深经常到书室看书，对纪氏颇为满意，一次临幸，纪氏怀孕。当时宫中最受宠的是万贵妃，她恃宠生骄，为所欲为，把所有妃嫔视为眼中钉。幸好有好心的宫女照应，纪氏在冷宫中诞下皇子朱佑樘，一直偷偷地养到5岁。已到中年的宪宗一次正为子嗣担忧时，才第一次看到了自己那胎发尚未剪掉的瘦弱儿子朱佑樘，宪宗禁不住泪流满面。第二年，朱佑樘被册立为太子。

成化二十三年（公元1487年）宪宗驾崩，太子朱祐樘继承皇位，是为明孝宗，又称弘治皇帝。即位后的孝宗追谥生母淑妃为孝穆皇太后。

朱佑樘在位期间，推行了一系列开明的政治措施。他首先裁抑宦官及佞幸之臣，大太监梁芳、外戚万喜及其党羽皆被治罪。并且淘汰传奉官2000余人；遣散禅师、真人等240余人，佛子、国师等780人。并调整内阁班底，罢免了大量不学无术、只

会攀权附贵的阁臣。

孝宗在位期间，勤于理政，任用贤臣，当时被任用的徐溥、刘建、李东阳、谢迁、王恕、马文升等人均是正直忠诚之臣。孝宗常召阁臣到文华殿，让群臣共议章奏，写出批词后，自己再批再改。因此，阁臣李东阳说："天顺以来，30余年间，皇帝召见大臣，都只问上一二句话，而现在却是反复询问，讨论详明，真是前所未有啊！"弘治十三年，大学士刘健上奏说，晚朝散归后，天色已晚，各处送来的文件往往积压内阁，来不及处理，若有四方灾情，各边报警等要务，就有耽搁的可能。因此，孝宗特定除早、晚朝外，每日两次在平台召见有关大臣议事。从此出现了"平台召见"这一新的朝参方式。

孝宗对臣子们宽厚体恤。一年冬天，孝宗夜晚坐在宫内，觉得天气寒冷，就问左右内臣："现在官员有在外办事回家在路途的吗？"左右回答说："有。"他又说："如此凛冽且昏黑，倘廉贫之吏，归途无灯火为导，奈何？"于是传下圣旨，命令今后遇在京官员夜还，不论职位高低，一律令军人执灯传送。此事虽小，但作为一个封建皇帝能如此曲体臣下，也确属难能可贵了。

孝宗还大力兴修水利，发展农业，繁荣经济。弘治二年五月，开封黄河决堤，孝宗命户部左侍郎白昂领5万人修治。弘治五年，苏松河道淤塞，泛滥成灾。孝宗命工部侍郎徐贯主持治理，历时近3年才告完成。从此，苏松消除了水患，再度成为鱼米之乡。

此外，在武功方面，孝宗也很有所建树。他击败吐鲁番，收

一本书知晓明朝

复嘉峪关以西的土地,经营哈密,并且还修缮长城,抵御蒙古。

孝宗在生活上非常注意节俭,不近声色。弘治元年,出使明朝的朝鲜使臣卢思慎曾对朝鲜的国王说:"先皇帝(宪宗)或于用人,间以私意,今皇帝(孝宗)则铨注登庸一出于正。又性不喜宝玩之物,虽风雪不废朝会,临群臣皆以丧服,惟祀天祭用黄袍,臣等慰宴时不奏乐,不设杂戏,劝花置于床上而不簪。大抵先皇帝弊政一切更张矣。"宪宗生前爱穿用松江府所造大红细布裁制的衣服,每年要向那里加派上千匹。这种织品用工繁浩,名虽为布,其实却用细绒织成。孝宗当时还是太子,当内侍给他送来新裁制的衣服时,他说:"用这种布缝制的衣服,抵得上几件锦锻衣服。穿它,太浪费了。"于是谢而不用。他当了皇帝之后,下令停止为皇宫织造此布。

孝宗是中国历史唯一一个用实际行动实践男女平等的皇帝。母亲的悲惨遭遇让他深深感受到皇帝拥有三宫六院的危害,他一生只娶了一个张皇后,从不纳宫女,也不封贵妃、美人,每天只与皇后同起同居,过着平民百姓一样的夫妻生活,作为一个拥有无上权力的皇帝,做到这一点实属不易。

孝宗在位18年间,吏治清明,选贤任能,抑制宦官,勤于政务,倡导节约,与民休息,是明朝历史上少有的经济繁荣、人民安居乐业的和平时期,历史上称这一时期为"弘治中兴"。因此,明孝宗是中国历史上一个比较伟大的皇帝。

由于先天体弱多病,孝宗于弘治十八年五月初七卒于乾清宫,终年36岁,庙号孝宗,葬北京昌平泰陵。

为什么说明武宗朱厚照是一个荒唐的皇帝？

朱厚照年号为正德，1505年即位，在位17年。为明孝宗朱佑樘的长子。他好逸乐、贪女色，是明朝著名的荒唐皇帝，由于荒淫过度，死于1521年，年仅31岁。

朱厚照生于1491年。1505年，孝宗由于伤寒加上太医误诊，错服药物，导致病重，最后鼻血不止而死。明孝宗只有二子三女，其中二子朱厚炜早年夭折，皇长女太康公主也因病去世，所以孝宗只剩下朱厚照这一个儿子，因此孝宗对朱厚照疼爱备至。朱厚照两岁时就被立为太子。

朱厚照小时候很聪明，老师教的东西他很快能学会，而且他为人仁厚善良，当时大臣们认为朱厚照应该和他父亲一样也是个明君。但是，因为他周围常常围绕着一群太监，结果毁了他的一生。

东宫的随侍太监中，有八个太监号称"八虎"，以刘瑾为首。为了巴结日后的新皇帝，他们每天都进献一些奇特的玩具，还经常组织各种各样的演出和体育活动，当时的东宫因此被时人戏称为"百戏场"。试问一个年幼的孩子怎能抵得住这些东西的诱惑，于是朱厚照沉溺于其中，而且终其一生不能自拔，学业和政事也就因此荒废了。

朱厚照十五岁继承皇位，开始了他的帝王生涯。但皇帝的职责并没有把他从玩乐中拉出来。在刘瑾的引诱下，他玩得越来越离谱了，先是在宫中模仿街市的样子修建了各式各样的店

铺，让太监扮成老板或百姓，他自己则扮作富商，在其中取乐。后来又觉得不过瘾，于是又模仿妓院，让很多宫女扮作粉头，他自己挨家进去听曲、淫乐，后宫因此被搞得乌烟瘴气。

由于弘治时期政治比较清明，给武宗留下了一套非常刚正廉洁的大臣班底，这些大臣不顾身家性命，联名上书请求严惩"八虎"。武宗因为刚刚即位，还缺乏驾驭群臣的能力，看到如此声势浩大的进谏，难免有些招架不住，想向群臣妥协，除掉"八虎"。就在这千钧一发之际，老谋深算的刘瑾在武宗面前声泪俱下地哭诉，这使得武宗的心又软了下来。次日，他惩治了进谏的大臣，内阁成员谢迁、刘健以告老还乡相威胁，结果却被武宗欣然批准，群臣因为群龙无首，惩治"八虎"的计划只好作罢。就这样，惩治"八虎"的运动失败了。

"八虎"战胜了群臣之后，气焰更加嚣张。刘瑾又建立了豹房，里面有很多乐户、美女供武宗享用，武宗玩得更加忘乎所以、肆无忌惮。刘瑾也靠着武宗的宠幸权倾朝野。但是他忽略了太监内部的争权夺势，最终，大太监刘瑾死于另一个太监张永之手。

武宗玩乐的胃口越来越大，他已经不满足于在京城玩乐，而希望有更广阔的天空，于是他弃国家社稷于不顾，开始西巡。不久之后，他又看上了一个乐工（当时的职业演员）刘良女，并对刘氏宠爱至极，豹房的人都将刘氏称为刘娘娘。

正德十二年十月，蒙古鞑靼小王子率五万精兵南下。武宗大喜，调集五、六万兵马亲征。双方激战数日，武宗与士兵同吃

同住，极大地鼓舞了明军士气。最后，蒙古小王子被迫撤兵，明军取得了胜利，史称"应州大捷"。此后正德年间蒙古不敢再南下侵犯。武宗封自己为"总督军务威武大将军总兵官朱寿"，后加封朱寿为"镇国公"。

由于朝政的荒废，大量百姓流离失所，明朝酝酿着一场新的动乱。这场动乱的发起者并非百姓，而是出自明朝皇室。这个人就是宁王朱宸濠，他妄图效仿永乐帝，趁武宗荒于政事，准备秘密谋反，并于正德十四年扯旗造反。但是武宗皇帝并没有因此而着急，这正好给了他一个南巡的机会，于是他又打起了威武大将军朱寿的旗号，率兵出征，不料行至半路，御使王守仁已经平定了叛乱。这个消息丝毫没有减低武宗的兴致，他又一手导演了一幕闹剧，他将朱宸濠重新释放，由自己亲自再将他抓获，然后大摆庆宫宴，庆贺自己平叛的胜利。

随后，武宗皇帝就逗留于江南，肆意玩乐。正德十五年九月六日，武宗在淮安清江浦上钓鱼泛舟，由于脚未站稳，跌入江中，当时已是九月天气，江水寒冷，加上武宗早已被女色掏空了身体，这一病就再也没有起来，虽然经过太医们悉心治疗，但最终还是没能挽回武宗的生命。数月后，武宗病死于豹房，他荒唐的一生从此画下了句点。他死后葬于北京十三陵之康陵。

由于武宗没有子嗣，皇位因而落于皇室旁系之手，孝宗一脉从此结束。

一本书知晓明朝

明世宗朱厚熜一生与道教结下了怎样的缘分？

明世宗朱厚熜，是明朝的第十一位皇帝。公元1521—1566年在位，年号嘉靖，为明宪宗的庶孙，其父朱祐杬是明宪宗朱见深之子，由于朱祐杬的长兄明孝宗朱祐樘继承皇位，朱祐杬因此被封为兴献王。他也就是明武宗朱厚照的叔叔，而世宗是武宗的堂弟，由于武宗早死，没有子嗣，按照当时的规定，要从各地的王爷中挑选出一位来继承大统，世宗就是这个幸运儿。

在明朝历代皇帝中，朱厚熜的权术或许不及太祖朱元璋，荒唐不及武宗朱厚照，残忍不及成祖朱棣，但是，荒唐、自大、残忍以及喜欢玩弄权术，却集聚于他一身。

朱厚熜于武宗正德十六年四月即位，改年号为嘉靖。即位之初，他革除先朝蠹政，朝政为之一新。但不久与杨廷和等朝臣在议兴献王尊号的问题上发生礼议之争。史称"大礼仪"之争。经过两年多的争议，最后以君权的高压结束，朱厚熜终于得偿所愿。这件事充分体现了朱厚熜少年时即刚愎自用、专横暴虐的性格。他还打击旧朝臣和皇族、勋戚势力，总揽内外大政，使得皇权高度集中，并且重视内阁作用，注意裁抑宦官权力。在用人上，世宗"忽智忽愚"、"忽功忽罪"，功臣、直臣多遭杀害或贬黜。户部主事海瑞上《治安疏》，世宗怒不可遏，将海瑞问罪入狱。

嘉靖帝一生尊道教、敬鬼神，并且乐此不疲，这和他从小生长的环境有密切的关系。荆楚之地本就是道教的源头，嘉靖帝的父母都尊信道教，从小耳濡目染，嘉靖帝信奉道教也是必然

的。嘉靖帝个性很强，认定的事一般难以更改，他不但本人信道，当了皇帝以后，还要求全体臣僚都要尊道，尊道者升官发财，若有进言劝谏者轻则削职为民，枷禁狱中，重则当场杖死。嘉靖帝时期的道士官至礼部尚书，这在明朝历史上是空前绝后的。

嘉靖皇帝迷信丹药方术，他派人到处采集灵芝，并经常吞服道士们炼制的丹药。为了满足自己修道和淫乐，嘉靖帝还多次遴选民女入宫，每次数百名。嘉靖帝二十一年，嘉靖帝命宫女们清晨采集甘露兑服参汁以期延年益寿，结果使得上百名宫女病倒。宫女们忍无可忍，差点把嘉靖帝勒死，这就是历史上罕见的宫女弑君的"壬寅宫变"。

经过"壬寅宫变"，嘉靖皇帝幸得未死，却被吓得魂不附体、失魂落魄，整日躲在西苑，设醮炼丹，迷信几个道士的歪理邪说，养生修道，二十余年不敢回大内，完全置朝政于不顾，使贪赃枉法的首辅严嵩横行乱政20年，吞没军饷，吏治败坏，边事废弛，倭寇频繁侵犯东南沿海地区，造成极大的破坏。在长城以北，蒙古鞑靼部首领俺答汗也不断侵扰边境，正德二十九年甚至兵临北京城下，大肆掠夺。嘉靖年间，南倭北虏始终是明王朝的莫大祸患。

嘉靖帝还在宫内外兴建大量宫殿庙宇，加重百姓的负担，使得国家财政危机日趋严重。

嘉靖四十五年（公元1566年）十二月十四日，朱厚熜卒于乾清宫，终年60岁，庙号世宗，葬北京昌平永陵。

一本书知晓明朝

明穆宗朱载垕对大明朝有什么贡献？

明穆宗朱载垕（hòu），是明朝的第十二代皇帝，年号隆庆。在位6年，死于1572年，终年36岁，死后葬于昭陵（今北京市十三陵）。庙号穆宗。穆宗是世宗第三子。

朱载垕生于嘉靖十六年（公元1537年），由于生母杜康妃失宠，自己又非长子，所以很少得到父爱。嘉靖三十二年（公元1553年），刚满16岁的朱载垕就出居裕王邸，开始了独立生活。在裕王邸13年的生活，使得朱载垕较多地接触到社会生活的方方面面，了解到明王朝的各种矛盾和危机，特别是严嵩专政，朝纲颓废，官吏腐败，"南倭北虏"之患，民不聊生之苦，这些对他登基后处理政务都产生了重大的影响。

朱载垕即位后，得到高拱、陈以勤、张居正等大臣的鼎力相助，实行革弊施新的政策。一改世宗时期的弊政，使朝政为之一新。革弊即平反冤狱，嘉靖朝由于谏言而获罪的诸臣"存者召用，没者恤录"。其中就有海瑞获释出狱，恢复官职。与此同时，隆庆帝严惩方士，罢除斋醮，停止因斋醮而开征的加派以及部分织造、采买。施新即整治吏治。隆庆帝加强对官吏的考察，即使一般不予考察的王府官员也置入考察之列。对廉政官员给予奖励和提拔，对一般贪官罢免官职，对有巨赃迹著的大贪则重惩严办。此外，隆庆帝还蠲免救济，减少了百姓灾后的痛苦。抑止土地兼并，一方面限田，制定了勋戚宗室依世次递减制度，另一方面清田，清查诡寄、花分钱粮和皇室勋戚田庄。

朱载垕在位期间发生了著名的"庚戌之变"，这是蒙古的又

一本书知晓明朝

一次大规模的入侵。蒙古骑兵从山西方向，土蛮部队从卢龙、滦河方向逼近北京，隆庆皇帝急调边兵放弃防地，入卫京师。但是蒙古人并没有进攻北京，只是大肆掳掠了一番而归，不过这件事也着实吓了隆庆皇帝一跳，从此他更加注重北部边防，采纳了内阁大学士高拱、张居正的建议，与蒙古俺答汗议和，封其为顺义王，并在边界开设马市，互通有无，从而加强了汉蒙两族人民的团结。隆庆帝又调戚继光、王崇古、谭纶加强长城沿线防御，同时开展互市贸易，使北方汉、蒙人民有了安全稳定的生活环境，从而使得北部边境出现了历史上少有的和平安宁景象。自此之后，再也没有爆发蒙古大规模入侵的事件。隆庆帝这些作为都是前所未有的。

隆庆帝还采取恤商及开关政策，减轻商人的负担。先前明朝曾多次颁布禁令，严禁百姓私自下海经商，而隆庆帝颁布大开关禁，使明朝的对外政策发生重大变化，海外贸易也出现了前所未有的繁荣局面。

在隆庆帝在位期间，几乎没有发生什么重大的变故，隆庆帝能够稳坐皇位6年，这和他的性情是分不开的，由于他在做皇子期间处处小心谨慎，极少张狂，从小就养成了贞静、仁义的性情。同时隆庆朝人才济济，文有徐阶、张居正、高拱、杨博等贤臣，武有谭纶、戚继光、李成梁等良将。这些人之所以能一展所能，还要归功于隆庆皇帝给了他们发展的空间。朱载垕最大的优点就是用人不疑，敢于放手让臣子们去发挥才能，因而使得隆庆朝和万历朝前十年成了明王朝回光返照的时期，这一

时期社会比较稳定，经济也有了重大的改观，因此可以说朱载垕在使明王朝向最后一个繁荣时期发展的过程中，起到了非常重要的过渡作用。

公元1572年闰三月，朱载垕因和妃子玩得过火而得病，休养了两个月后又勉强上朝主事，结果一上朝嘴和手就不停颤抖且头晕目眩，他自知病情严重，急召高拱、张居正和高仪三人接受顾命，吩咐"遗诏与皇太子。朕不豫，皇帝你做。一应礼仪自有该部题请而行。你要依三辅臣并司礼监辅导，进学修德，用贤使能，无事荒怠，保守帝业。"随后病逝。在死前他还非常悔恨自己过度玩乐伤了金龙玉体。

明神宗朱翊钧一生经历了哪些风浪？

朱翊钧，是明穆宗的第三子，在6岁时即被立为太子。穆宗死后，10岁的朱翊钧即位，改年号为万历。朱翊钧在位48年，是明朝在位时间最长的皇帝。万历前十年，大学士张居正辅助神宗处理朝政，社会经济发展较好。神宗20岁时，张居正病逝，神宗开始亲政，前期曾一度勤于政务，后期罢朝。1620年，神宗逝世，传位太子朱常洛。神宗死后葬于十三陵定陵。

神宗皇帝的生母李氏原是一宫女，后被当时还是裕王的朱载垕看中，多次临幸，使得她珠胎暗结，为裕王诞下一位王子。朱翊钧从小聪慧过人，读经史过目不忘，有一次还在幼龄的他竟劝谏父皇不要骑马，唯恐万一伤了圣体，会令百姓担心，穆宗皇帝听后深受感动，从此更加喜爱这个孩子了。

一本书知晓明朝

穆宗皇帝在位仅6年，去世时年仅36岁，于是幼年的朱翊钧继承了皇位，成为了大明朝的第十三位皇帝。穆宗皇帝去世时，为朱翊钧留下了很好的内阁班子，大学士张居正、高拱、高仪都是正直忠臣，善于谋略，此时的内宫也非常安定，穆宗正宫陈皇后与神宗生母李太后相处也非常融洽，而且当时的大太监冯保也是明朝不可多得的好太监之一，他与张居正配合默契，使得万历初政的十年，政治清明，经济飞速发展，这自然要归功于张居正的改革，但是与李太后、冯保的支持也是分不开的。同时，张居正非常注重对小皇帝朱翊钧的教育，朱翊钧也与张居正建立了深厚的师生情谊。冬天上课的时候，朱翊钧总是嘱咐小太监将厚厚的毛毯放在张居正的脚下，以免冻着他的脚。张居正生病后，朱翊钧更是亲自为他熬药，张居正为了感激皇帝的知遇之恩，所以更加努力，事必躬亲，宵旰沥胆，将大明王朝治理得井井有条。

张居正为人非常刚直不阿，因此得罪了不少大臣，他的改革也触动了不少守旧势力，万历皇帝对张居正的严格管理也有些厌倦了，因此有些大臣趁机弹劾张居正，这时太监冯保已经失宠，李太后又不好再干涉朝政，形势对张居正十分不利。开始万历皇帝还并不忍心对张居正下手，但是经不住大臣一浪又一浪的攻击，张居正终没有逃脱抄家，家人谪戍的厄运。俗话说："月满则亏，水满则溢。"张居正由于操劳过度，于万历十年逝世，终年58岁。

当摆脱了张居正的束缚之后，万历皇帝开始了他独裁的统

一本书知晓明朝

治。万历贪财，征税的项目千奇百怪，无物不税、无地不税，正是苛政猛于虎；万历生活奢侈，年方20，就开始着手为自己修建寿宫（陵寝）；万历懒惰，曾28年不临朝听政，高唱"天下无一时可忧之事"，衙门内严重缺员，而候补的官员却又得不到提升，以至于终生候补。因此后人评论"明之亡，不亡于崇祯之失德，而亡于神宗之怠惰。"

万历时期有三件大事，即援兵朝鲜、国本之争及梃击风波。先说说援兵朝鲜。张居正去世之后，万历皇帝做过的好事就属此事了。

当时的日本正处于分裂后的统一时期，丰臣秀吉统一了日本以后，就将矛头对准了朝鲜，朝鲜本是中国的藩属，万历皇帝对此表现得极为重视，毅然决定派兵援助。明军一到朝鲜，就给了日本侵略者以沉重的打击，先后收复了平壤、开城。

但日本很快缓过了气，明军的继续前进受阻，双方进入了对峙的局面。当时由于明朝国内很不稳定，军费开支浩大，日方也想回国进行整顿，因此双方很快达成了议和协议。

不料日本说话不算数，三年后又挑起了战争，万历皇帝毅然决然再次派兵。但是这次日本是有备而战的，明军在战场上并没有占到什么便宜。而后丰臣秀吉病死，朝鲜战争以明军的不战而胜画上了句号。

再来看看国本之争。万历年轻时，偶尔行到母亲的寝宫，发现了一个宫女长得貌美可人，于是私下临幸，致使宫女竟怀了龙种，万历的母亲原本也是宫女，因此，她并没有为难这个宫

女，而且让万历皇帝封她为妃，十月怀胎，生下了一个皇子，即后来的光宗朱常洛。万历皇帝对王宫女的临幸只是一时贪欢，并没有当真，新鲜感一过便生了厌倦，他对王氏、朱常洛并没有什么感情。而且当时的郑贵妃宠冠后宫，是万历皇帝的心尖，郑贵妃是个邀宠的高手，把万历皇帝哄得神魂颠倒，对她言听计从。郑贵妃也有个儿子，名为朱常洵。此子长得人见人爱。万历皇帝在郑贵妃的怂恿下，总想伺机立他为太子。但遭到正直大臣们的极力反对，当时太子又称为国本，因此，皇帝与大臣间的这次斗争又称为国本之争。国本之争是继嘉靖朝"大议礼"后的又一次大规模的皇帝与大臣的冲突，不过此次的胜利者是众大臣，因为朱常洛最终登上了皇位。

梃击风波是从国本之争演变而来的，这次风波是郑贵妃为了能让自己的儿子继承皇位所做的最后挣扎。国本之争中，大臣的势力占了上风，郑贵妃心中十分焦急，于是她派自己的心腹太监雇人行刺太子，被雇的人名叫张差，在太监的配合下，他顺利地到达了太子寝殿门口，当他手持木棒杀进去的时候，被太子宫中太监当场抓获。这就是著名的梃击风波。

万历四十八年七月，万历皇帝结束了他矛盾的一生。执政前期，他曾作为一代明主，在张居正的辅佐下，使得大明王朝的经济得到了空前的繁荣；但张居正死后，他却穷奢极欲，横征暴敛，留下了千古骂名。

一本书知晓明朝

明光宗朱常洛是怎么死的？

明光宗朱常洛，是明神宗万历帝的长子，年号泰昌，明朝的第14位皇帝，在位仅一个月（29天）。

朱常洛是明朝传奇色彩最浓的一位皇帝，明宫三大疑案（即梃击案、红丸案、移宫案）都和他有关。这位太子万历皇帝并不喜欢，他的太子之位曾一度岌岌可危，苦熬了39年之后，朱常洛终于得到了梦寐以求的皇帝宝座，但就在他即位的第30天清晨，这位刚要展翅翱翔的皇帝就莫名其妙地走了。死后葬于庆陵。

朱常洛的身世和其父万历皇帝差不多，也是父皇偶然临幸宫女而生。朱翊钧打心眼里不喜欢这位皇子，认为这个皇子的出生对他来说是一件丑事。这个观念整整持续了三十九年，直到万历皇帝去世。

万历皇帝十分宠爱郑贵妃，更把郑贵妃的儿子福王朱常洵视为掌上明珠，加上郑贵妃整天在万历皇帝枕边吹风，万历皇帝早就有废长立幼的念头。万历先是封了郑氏为贵妃，而朱常洛的母亲却仍是妃子，这是不合古制的；其次是在朱常洛长大后迟迟不让他上学，然后又设计出三王并封的主意，将众皇子都封为王，用以降低朱常洛的地位，幸好这些伎俩都被大臣们识破，之后就爆发了国本之争，众大臣用生命和鲜血为皇长子朱常洛争来了这个太子之位。

当上太子之后的朱常洛并没有因此而安定下来，宫内、宫

外的斗争无时无刻不在威胁着他的地位，甚至生命。好在朱常洛在残酷的斗争中已经变得日益成熟起来，各方面表现得中规中矩，让万历皇帝也无法鸡蛋里头挑骨头。就在朱常洛的太子之位逐渐稳定下来之际，郑贵妃为了让她的儿子能够坐上皇帝的宝座，不惜孤注一掷，梃击案就在这样的历史条件下发生了。一天中午，一个壮汉手持枣木棍闯入太子寝宫，准备行刺，幸被值班太监当场抓住，朱常洛才躲过此劫。经过反复审讯，案情牵涉到了郑贵妃，但没有进一步追查，两个太监做了替死鬼，此案就此草草了结。至于行刺之人究竟是不是郑贵妃所指使，历史上并无定论，因此，此案成为明宫一大疑案。

无论如何，万历四十八年，朱常洛历尽千辛万苦总算登上了皇位。在即位的前十几天，朱常洛进行了一系列革除弊政的改革：他发内帑犒劳边关将士，虽是杯水车薪，也是万历朝很难见到的；他废除了万历朝的矿税，这种税收曾一度使得民不聊生，叛乱频生；他拨乱反正，将因进谏而得罪皇帝的言官都释放出来，恢复其官职；面对万历中后期官员严重不足的情况，他重振纲纪，提拔了一批新的官吏，补足了缺额，使得国家机器能够正常运转。

正当百姓翘首以待之时，皇帝却突然病倒了。是何原因呢？泰昌帝未即位时就好女色，即位之后郑贵妃又向皇帝进献美女，泰昌帝的身体本来就差，由于即位之初处理政务非常繁忙，加上回到后宫又纵欲，泰昌帝终于倒下了。

本来不是什么大病，吃几副补药，静心调养一段时间就可

以复原，但是由于掌管御药房的太监崔文升向皇帝进了一济泻药，泰昌帝当天晚上腹泻三四十次，身体一下就垮掉了，从此再也没能起床，并且病情日趋恶化。

就在此时，鸿胪寺丞李可灼进献了两粒红药丸，泰昌帝服用了第一粒后后，病情稍见好转，用了第二粒后却昏昏睡去，于第二天清晨驾鹤西归。泰昌帝是因为服用红丸而毙命的，至于红丸到底是什么药，是不是毒药，崔文升又为什么向皇帝进泻药，这些都无从考证、无法弄清，历史上称此次事件为红丸案。此案最后不了了之，成为明宫又一大疑案。泰昌帝就这样不明不白地结束了他的一生。

明熹宗朱由校为什么被称为"木匠皇帝"？

明熹宗朱由校，明代第十五位皇帝，1620年阴历9月—1627年阴历8月在位，年号天启，是明光宗朱常洛的长子，父亲明光宗在位仅29天便因"红丸案"而暴死，朱由校经过"移宫案"的风波，被群臣拥立继位。明熹宗在位7年，由于嬉乐过度成病，在1627年服用"仙药"而终，终年23岁，庙号熹宗，葬于德陵（今北京市十三陵），是明朝营建的最后一座皇陵。明熹宗有三男二女，但无一长成，终无子继嗣，只得遗诏立五弟信王朱由检为帝，即后来的明思宗。

明熹宗的皇帝之位可以说是子承父业，顺其自然就可以得到的，但真正要坐上皇帝的宝座并非易如反掌之事，还颇费一番周折。明光宗在位仅29天，却留下了一个祸害李选侍，这个

女人和郑贵妃如出一辙，整天挖空心思地捉摸怎么把皇后的位子弄到手，此时的郑贵妃也对皇太后的位子垂涎已久，因此，两个臭味相投的女人凑到了一起，一唱一和，在皇帝面前唱起了"二人转"，非要将封号讨下来不可。

结果光宗突然驾崩，令郑李二人失去了保护伞，群臣对她们并没有好感，两人担心自己的地位不保，于是李选侍想出了"挟天子以令诸侯"的计策，由于明熹宗的生母早逝，李选侍成了熹宗的实际看护人，于是她利用这层关系，将熹宗扣留。先皇已经驾崩，熹宗也已经被宣布继承皇位，但小皇帝迟迟没有从后宫走出来，大臣们非常着急，纷纷上书请求李选侍放还熹宗。李选侍一不做二不休，仍然不肯撒手，幸亏太监王安从大局出发，将皇子骗了出来，交给了群臣。

李选侍一计不成，又生二计，她赖在乾清宫不走，以此要挟群臣给她一个皇太后的封号。依照古制，皇帝即位以后，应该立即迁入乾清宫居住，然而无人奈何得了李选侍，群臣为此十分着急。劝李选侍移宫的奏章如纷纷雪片一般，但李选侍根本不予理会，群臣终于被激怒了，他们向李选侍下达最后通牒，让她即日离宫，新皇帝朱由校也下旨，让她尽快移宫，加上大太监王安对李选侍的百般威吓，李选侍只得带着宫女灰溜溜地离开了乾清宫，历史上把此次事件称为"移宫案"。

熹宗即位之初，东林党势力很大，公正之气盈朝。杨涟、左光斗、赵南星、高攀龙等很多正直之士在朝中担任要职，吏治因此比较清明。由于杨涟等人在帮助熹宗即位时出了很大的力

气，因此，熹宗对这些东林党人也非常信任，言听计从。

　　良臣虽能治国安邦，却管不了皇帝的家务事，此时后宫有两颗毒瘤正在悄悄地滋长。这两个毒瘤就是臭名昭著的魏忠贤和容氏。魏忠贤大字不识一个，却善于钻营，很快攀上了大太监王安的关系，地位平步青云，容氏是熹宗皇帝的乳娘，其奸诈并不逊于郑贵妃和李选侍，容魏二人很快结成了同盟，成为后宫中不可一世的力量。王安等太监在后宫逐渐遭到排挤。但魏忠贤并不满足于此，他要向他的先辈王振、刘瑾那样，成为权倾朝野、名副其实的大太监。

　　一方面，魏忠贤引诱熹宗玩乐，使熹宗整天沉浸于木工活之中，变成了名副其实的木匠皇帝，再不过问朝政；另一方面，魏忠贤与朝堂上的一些文臣败类结成联盟，排挤东林党势力，逐渐掌握了内阁、六部等重要部门。东林党人被贬、被杀者不计其数。

　　魏忠贤不但大肆排除异己，而且进一步加深对百姓的盘剥，使得百姓怨声载道、民不聊生，各地起义不断。当整个大明王朝处于摇摇欲坠的时候，熹宗皇帝却还在后宫玩乐，做木工活，临幸嫔妃，游山玩水，享受着欢乐。天启五年，熹宗皇帝乘舟游玩时不慎落水，虽被救起，却落下了病根。天启七年，熹宗病情加重，一命呜呼，终年23岁。

明思宗朱由检一生有哪些功过？

　　明思宗朱由检，是明朝的最后一位皇帝，明光宗第五子，明熹宗的弟弟。在位时间为公元1627年—1644年，共计17年，年

号崇祯。明思宗死后,庙号思宗,后改为毅宗。葬于北京昌平思陵。

思宗在位17年,勤于政务,不近女色,对大臣宽厚,对百姓仁爱,一心想让大明江山恢复盛世,最终却无力回天。

由于朱由检的兄长明熹宗朱由校无子嗣,临终颁下遗诏,让其五弟——18岁的信王朱由检即皇位。朱由检即位之后,面对着危机四伏的政治局面,殷切地寻求治国之道,勤于政务,事必躬亲,使得朝政有了明显改观。天启七年(公元1628年)十一月,明思宗在铲除魏忠贤的党羽之后,再将其贬至凤阳,途至直隶的阜城,魏忠贤得知明思宗要逮捕他,遂与一名太监王承恩自缢而死。此后,阉党260余人或处死、或发配、或终身禁锢。与此同时,朱由检还平反冤狱,重新启用天启年间被罢黜的官员。并任用袁崇焕为兵部尚书,赐予尚方宝剑,托付他收复全辽的重任。

为了剿灭流寇,明思宗先用杨鹤主抚,后用洪承畴,再用曹文诏、陈奇瑜,复用洪承畴,再用卢象升、杨嗣昌、熊文灿等,十三年中频繁更换围剿农民军的负责人。这其中除了熊文灿外,其他均表现出了出色的才干。但是明思宗不断地加税,因此人们称呼他为"重征"来代替"崇祯",这就使得明末农民起义"野火烧不尽,春风吹又生"。

虽然明思宗期盼着大明朝能在他手中迎来"中兴",然而由于积重难返,加上当时天下饥馑,疫疾四起,各地民变不断,北方又有皇太极不断骚扰入侵,而明思宗自己又求治心切,生性

一本书知晓明朝

多疑，刚愎自用，因此在朝政中屡犯错误：前期铲除宦官专权，后期又重用宦官；中后金反间之计，错杀袁崇焕。从而使大明王朝面临灭顶之灾。崇祯十七年（公元1644）正月，明思宗召见阁臣时悲叹道："朕非亡国之君，事事皆亡国之象。祖宗栉风沐雨之天下，一朝失之，何面目见于地下。朕愿督师，亲决一战，身死沙场无所恨，但死不瞑目耳。"

1644年，李自成在西安称王，国号"大顺"。一个月后，李自成攻破北京，明思宗逼周后自杀，手刃袁妃、乐安公主、昭仁公主，而后在景山歪脖树上自缢身亡，时年35岁，明王朝至此灭亡。

思宗的性格相当复杂，在铲除魏忠贤时，他表现得超乎寻常的机智果敢，但在处理袁崇焕事件时，却又表现得非常愚蠢，正如学者所说："在思宗身上，机智和愚蠢，胆略与刚愎，高招与昏招，兼而有之"。

著名皇后篇

为什么朱元璋的正宫马皇后称为孝慈皇后？

马皇后名为马秀英，安徽宿州闵子乡新丰里人，是著名明朝开国皇帝朱元璋的皇后。她早年丧母，被郭子兴夫妇收养为义女。郭子兴当农民起义军元帅时，马氏嫁给了英勇善战的朱元璋。由于郭子兴性情急躁，气度狭小，在别人挑唆下把朱元璋关了起来，不给饮食。马氏偷出刚出炉的热饼，揣在怀里给朱元璋偷偷送去，以至烫伤了胸脯。在朱元璋领兵征战的年代，马氏还亲手为将士们缝衣做鞋。有一次，与朱元璋敌对的陈友谅大兵临城，很多官员百姓准备逃难。正在人心慌乱的危急时刻，马皇后镇定自若，"尽发宫中金帛犒士"，稳定了军心，为朱元璋获取胜利起到了重要作用。

在朱元璋平定天下、创建帝业的岁月里，马皇后与他患难与共。当时因为战乱缺乏食粮，马氏在家省吃俭用，把粮食和好的食品留给丈夫，以至自己时常要饿肚子。这些事朱元璋都铭刻于心。

正因为如此，朱元璋当了皇帝以后，对马皇后一直非常敬重和感激，对她的建议也能够认真听取和采纳。朱元璋几次要寻访她的亲族封官加爵，都被马皇后劝止。朱元璋性情暴烈残忍，为了保住朱家子孙日后的统治地位，不断寻找借口诛杀功臣良将。对此，马皇后坚持婉言规劝，使朱元璋多少有所节制。马皇后一直保持着过去勤劳俭朴的作风，平日穿洗过的旧衣服，破了也不舍得丢弃。并且教导妃嫔们不忘蚕桑的艰难。倘若

一本书知晓明朝

遇到灾荒年月,她就带领宫人吃粗劣的菜饭,以此来体恤民间疾苦。

马皇后对子女非常仁爱,时常鼓励他们学习,教诲他们生活要简朴。她还把宫中利用旧料织成的被褥送给他们,并解释说:"你们生长在富贵家庭,不知纺织的难处,要爱惜财物。"

马皇后非常懂得相处之道,与身边的妃子和宫人都能够和睦相处。妃嫔中若有人生儿子,一定会厚待他们母子。马后作为一国之母,还要管丈夫的饮食,宫女认为她不必这样做,她说有两方面的原因,一是尽做妻子的本分,二是怕皇帝饮食有不中意处,怪罪下来,怕宫人担当不起,她好承受着。她还设法保护宫女。有一次,朱元璋盛怒之下要立即惩罚一个宫中下人,马后也假装发怒,命人把那下人捆绑起来,交由宫正司议罪。朱元璋不满地责问她:"这是你皇后处理的事情,为什么要交给宫正司?"马后回答说:"赏罚公平才可以服人,治理天下的君主,哪能亲自处理每一个人,有犯法的应当交给有关部门去办。"朱元璋又问:"那你为什么也发火?"她回答说:"当皇上愤怒时,我故意也发怒,把这事推出去,消释你的烦恼,也是为了使宫正司能持平执法。"此事表明马后对丈夫、宫女双方都是关怀的。

马后对士庶的生活也非常关心。明朝太学建成后,朱元璋临幸回宫,马后问有多少学生,朱元璋回答有几千名。当时有些太学生携带家眷在京,他们没有薪俸,无法养家糊口,于是马后建议按月发给他们口粮。朱元璋接受了马后的建议,专门设立"红板仓",存储粮食,发给太学生。此后,"月粮"成为明代学校

的一项制度。

对于太医院的医生，马后也能照顾他们的利益。马后生前最后一场病是非常严重的。朱元璋命太医诊治，但马后不服药，朱元璋强行要她吃药，她说："如果我吃药无效，你就会杀死那些医师，那不等于我害了他们吗？我太不忍心了。"朱元璋希望她尽快医好，就说："不要紧，你吃药，就是治不好，我因为你，也不会惩治医生。"洪武十五年（公元1382年），52岁的马皇后病逝，她临终时嘱托朱元璋"求贤纳谏，慎终如始"，并愿"子孙皆贤，臣民得所"。

马皇后一生的所作所为，赢得了丈夫以及世人的尊敬和爱戴。马后生前，朱元璋曾褒奖她，比诸历史上的贤后唐太宗长孙皇后，并为她父亲起坟立庙；她死后，朱元璋不再册立皇后，以示对她的敬重和怀念。这一对同甘苦共患难的夫妇，互相眷恋，互相体贴，从这个意义上讲，尽管朱元璋作为皇帝有众多妻妾，但马皇后的生活还是圆满的。她能做到这种程度，最重要的在于她能够按照"待人以宽，责己以严"的原则去办事。难怪《明史》称赞她"母仪天下，慈德昭彰"！

明惠帝的皇后马氏是大明朝第一位殉国皇后吗？

提起明朝的马皇后，一般人想到的只是明朝开国皇帝朱元璋的皇后马秀英，也就是为民间所津津乐道的"大脚马娘娘"。其实除了这位开国国母之外，明朝还有一位不为人熟知的马皇

后，她就是马秀英的孙媳妇——死于"靖难之役"的建文帝的皇后马氏。

马氏，直隶濠州(今安徽凤阳县东北临淮关西)人，是明惠帝朱允炆的嫡妻，为光禄少卿马全之女。洪武二十八年(公元1395年)，明太祖为18岁的皇位继承人——皇太孙朱允炆选妃，参照皇后的标准，经过一系列繁冗苛刻的程序后，马氏被选为皇太孙妃。明惠帝即位以后，于建文元年二月，册立马氏为皇后。育有两子：和简太子朱文奎和润怀王朱文圭。

马氏之所以被朱元璋选中，除了她自身条件之外，其实还沾了她的籍贯和姓氏的光。她与太祖是同乡，而且与太祖的皇后同姓。当年太祖和马皇后在濠州结为夫妻，在那里度过了一生中最艰难也最恩爱的时光。马皇后于洪武十五年(公元1382年)因病逝世，太祖一直非常怀念她的贤良淑德。太孙朱允炆是皇位的继承人，只要册封马氏为皇太孙妃，那么不久的将来，明朝又将有一位母仪天下的马皇后。大概就在这种潜意识下，太祖让大明朝又出了第二位马皇后。

马氏机警聪慧，颇识大体。她一入宫，立即感受到"风刀霜剑严相逼"的紧张气氛。而此时，太祖马皇后已故去多年，中宫一直空缺。太祖晚年脾气暴躁乖戾，动辄发怒，妃嫔们一个不小心，就可能招致杀身之祸。作为太子孙妃的马氏谨记父母的叮咛，无时无刻不提醒自己，一言一行要格外小心谨慎，严格恪守宫中戒规。

让马氏颇感庆幸的是，丈夫朱允炆秉性仁厚，与太祖的个

性作风截然不同,对她更是爱护体贴。她对丈夫也是关怀备至,衣食起居都照顾得非常周到。小两口琴瑟和鸣、百般恩爱。

婚后第二年,马氏生下长子文奎,太祖喜获重孙,马氏的地位因此稳固下来。

洪武三十一年(公元1398年)六月,太祖驾崩,朱允炆继位。次年,建文帝册封马氏为皇后,长子文奎为皇太子,三个弟弟分别为吴王、卫王和徐王。

马氏正位中宫以后,严格恪守太祖制订的"皇后之尊,只得治宫中嫔妇之事,即宫门之外,毫发事不得预焉"的规定,悉心处理后宫大小事务,精心侍候皇帝和皇太后的生活起居,细心照顾年幼的皇子,同时兢兢业业履行各种礼仪规定的职责,堪称一位贤良淑德的、母仪天下的皇后。

然而,建文帝从继位的第一天起,皇位就从未安稳过。建文帝的很多叔叔都对皇位一直虎视眈眈,尤其是四叔燕王朱棣。果不其然,后来,燕王朱棣以"朝无正臣,内有奸逆,必举兵诛讨,以清君侧之恶"为由,在北平(今北京)发起了靖难之役。

这场史称"靖难之役"的战争一打就是四年。建文四年(公元1402年)六月中旬,燕王朱棣攻下都城京师(今南京),长达四年之久的叔父争夺侄子皇位的战争结束了。马后知道自己的丈夫失败了,她在世间再也没有生存的价值了。当宫中燃起熊熊大火时,马后整好自己的衣裙,捋齐自己的鬓发,端坐在坤宁宫,直至被冲天的火苗吞噬,时年不到25岁。

燕王进宫以后,便清宫三日,搜寻建文帝的下落。宫人们从

一本书知晓明朝

灰烬中扒出一具尸体，面对眼前这具面目全非、状如焦炭的尸体，就连朱棣这位不念骨肉亲情的胜利者，也禁不住流下了眼泪。然而，这具尸体并不是建文帝，而是建文帝的皇后马氏。建文帝或许已经葬身火海，也可能已经逃走，总之下落不明了。在这场骨肉相残、争权夺位的战争中，马后被烈火焚身，成为明朝第一位殉国的皇后。

为什么把明成祖朱棣的皇后徐氏称为"仁孝"皇后？

朱元璋的结发之妻马皇后谥"孝慈"，她的确是一位出众的皇后，并且得到了众多儿女的敬爱。据《明史》记载，马后与自己的一位儿媳妇也有情同母女的感情，这位儿媳妇不是别人，正是明成祖朱棣的结发妻子徐皇后。

徐皇后是明朝开国功臣徐达的长女。她自幼文静，喜欢读书，声名远播。朱元璋因此召见徐达，亲自为自己的四子朱棣提亲。

洪武九年（公元1376）正月二十七日，15岁的徐氏正式成为17岁的燕王朱棣的嫡妃，自此开始了她尊贵而不平凡的一生。嫁入皇家的徐氏果然不负众望，不但才貌出众，而且贤良淑德，在一大群子侄辈的媳妇里，她得到了马皇后的格外喜爱，和马后的关系也非常亲密。

洪武十三年三月，按照朱元璋的安排，朱棣要到他的封地北平（今北京市）就藩，徐妃也一道同行。徐氏先后为朱棣生下

了三儿二女。

朱元璋去世以后，建文帝待臣民仁厚，但是这位书生气十足的年轻皇帝却重用了一群书生，如齐泰、黄子澄、方孝儒等人。他私下和辅臣们商议"削藩"。此消息一传出，立刻引起众藩王惶恐不安。于是，朱棣的胞弟周王朱橚（sù）的次子汝南郡王因为与兄弟们争风心怀怨恨，向建文帝上书，密告自己的父亲图谋不轨，而且说燕王朱棣、齐王朱榑、湘王朱柏都与此事有关。建文帝立即抓住这个机会，不加详查就把毫无防备的周王朱橚连同妃嫔儿女一并抓了起来。朱元璋死后还不到四个月，周王朱橚就被建文帝废为庶人，先是流放云南蒙化，随后又和儿子们一起被囚禁在京城。在朱元璋周年忌的时候，建文帝打算将另外几位引起自己忌惮的叔父也一并擒获，湘王朱柏得知消息，与妻子一起在自己的王宫中自焚而死。不久，齐王朱榑、代王朱桂、岷王朱楩也先后被"告发有罪"，废为庶人。

建文元年（公元1399年）七月五日，燕王朱棣宣布起兵"靖难"，讨伐建文帝身边的齐泰、黄子澄等人。短短半个月之内，他手中的兵马就增至好几万，先后攻克了通州、怀来、密云、遵化等地。朱棣刚起兵时，方孝儒等人并不以为然，仍然一门心思地忙着复古改制。然而他们没有料到，燕王的影响力如此之大，而且能征善战，竟将元老大将耿炳文的十余万大军打得落花流水。正当燕王朱棣征战在外的时候，李景隆突然带大军来进攻北平城。多年来独挡一面的燕王妃，在陪伴丈夫共同走过风风雨雨之后，已经完全成熟起来。面对兵临城下的强敌，她先是冷

一本书知晓明朝

静地在宫中指挥儿子应变,见情势紧急,她又传命,给所有和自己一样留在城中的燕王部属及官绅士民之妻都配发甲胄,让大家都加入战事之中。徐妃本人更是亲自登城督战。此时正是农历十月,徐妃又命众人水泼城墙及城下兵将,使得李景隆措手不及,望城兴叹。在徐妃的指挥下,北平守军一直坚持到了燕王朱棣回师救援。这场守城之战,有力地显示了徐妃做为开国勋臣之女的风范。她在危急中表现出的智谋胆略,在历代皇后中是极为罕见的。

建文四年六月十三日,历时将近四年的"靖难之役"终于结束,明王朝的京城南京被燕王朱棣攻破。皇宫里燃起了熊熊大火。在火光中,建文帝下落不明。

朱棣称帝的第一个新年,即永乐元年正月,一部《梦感佛说第一希有大功德经》颁布天下。这部经书的序言正是徐皇后撰写的。饱读书史的徐皇后当然并不只是撰写了这部声言丈夫"君权天授"的经书序言,她还编写了《内训》二十篇,《劝善书》一部,同时颁行天下,这些文字旨在推行针对女性的教育,并倡导修德劝善,用以为丈夫赢取民心。

对于丈夫的倒行逆施,徐皇后看在眼里急在心里,婉转劝道:"南北每年战斗,兵民疲敝,宜与休息。"又说:"当世贤才皆高皇帝所遗,陛下不宜以新旧间。"并且举传说中的尧帝作比方:"帝尧施仁自亲始。"

徐皇后还曾经向朱棣请求召见大臣们的妻子。见面后她厚赐她们服饰金银,并对她们说:"女人侍奉丈夫,并不仅仅是关

心他们的衣食起居而已，应该对他们的前途事业也有所助益。朋友的劝告，不易被男人采纳，同样的话妻子来说，就容易入耳得多了。我与皇上朝夕相处，从不以私欲开口，所说的一切都以生民为念。希望你们也能以此自勉。"

遗憾的是，徐皇后年寿短暂，她只做了四年的皇后，于永乐五年（公元1407年）七月离开了人世。临终之际，她最后一次劝谏朱棣，要爱惜百姓，广求贤才，恩礼宗室，不要骄惯自己的娘家。她还叮嘱太子朱高炽说："我一直惦记着当年在'靖难之役'初起时，为守住北平城而应命作战的将士妻子，感念她们的功劳和付出的伤亡。想要趁着皇帝日后北巡的机会，亲自向她们以及她们的家人赠予嘉奖抚恤。只可惜我再也无法完成这个宿愿，这是我此生唯一的恨事。"

徐皇后去世时年仅46岁，朱棣对结发妻子的离世痛心不已，他为徐皇后上谥号曰"仁孝"，且从此不再立后。

永乐七年，朱棣北巡，回到了往事萦绕的北平，并着手迁都事宜。同年，他在昌平天寿山营建自己的陵寝。四年后长陵落成，他将徐皇后安葬于此。

十五年之后，即永乐二十二年（公元1424年）七月十八日，朱棣病逝于远征漠北的途中，终年65岁。同年十月十九日，朱棣与徐皇后合葬于长陵。

明仁宗朱高炽的皇后张氏是怎样一位皇后？

张皇后，明仁宗朱高炽的皇后。河南永城（今河南永城）人，

为兵马副指挥张麒之女。谥号"诚孝皇后"。她历经了明仁宗、明宣宗、明英宗初年三朝,创立了"仁宣之治",被誉为"女中尧舜"。

张氏自小聪颖贤慧。洪武二十年(公元1387年),朝廷为诸王世子选妃,张氏被册封为燕王世子朱高炽的妃子。明成祖永乐二年(公元1404年)燕王进为皇太子,张氏被封为皇太子妃。张氏操妇道十分严谨,深得成祖和徐皇后的喜欢。朱高炽当上皇太子后,汉、赵二王觊其位多有谗陷,明成祖也有易储之心。在这种情势下,张氏多次维护丈夫的储位。一次,朱棣夫妇在内苑举行宴会,张氏亲自下厨服侍。成祖非常高兴,对皇后说:"新妇贤,他日吾家事多赖也。"

洪武三十二年(公元1398年),张氏喜得一子,名瞻基。永乐二十二年(公元1424年)七月,成祖驾崩,皇太子朱高炽即位,是为明仁宗,册封张妃为皇后,并册立朱瞻基为皇太子。张皇后虽然地位尊崇,但她对自己娘家人管束非常严格,不允许他们凭借自己的关系谋官就职,更不允许他们干涉朝政,这一点是非常难能可贵的。

然而仁宗在位仅十个月就一病不起而离世,终年48岁。朱瞻基即位,是为明宣宗,尊张氏为皇太后。宣宗即位之初,凡遇到重大的军政要事,总要向母亲禀报,而张太后提出的意见往往都很中肯,母子之间的关系十分融洽。当时国泰民安,一派盛世景象。宣宗非常孝顺母亲,每天早晚都要到母亲的寝宫问安,经常将四方朝贡的物品进献母亲。

宣德三年（公元1428年），张太后和宣宗的皇后、嫔妃畅游西苑。宣宗亲自搀扶母亲走上万寿山，献上美酒敬祝母亲万寿无疆。次年，宣宗陪同母亲拜谒长陵、献陵。路过河桥时，宣宗下马，亲自搀扶太后的坐辇。看到道路两旁欢呼的人群，张太后意味深长地告诫宣宗，百姓之所以能如此爱戴君王，是因为君王能使他们过上安定幸福的生活，因此作为皇帝，一定要重视百姓的生活，爱民如子。

返回京城的途中，张皇后走访当地的百姓，询问他们生活、生产情况，并赐予他们一些钱物。百姓献上食物、水酒，张太后亲手递给宣宗，让皇帝品尝一下真正的农家风味。正是在张太后的影响下，宣宗对百姓的生活非常关心，对农业也很重视，宣德朝物阜人丰，这也是"仁宣之治"形成的一个重要原因所在。

不过张太后和明宣宗母子之间也有一点不和谐音符。原来，宣宗不顾母亲反对，执意要更立皇后。宣宗的皇后本为胡氏，但他更喜欢贵妃孙氏。孙氏10岁时，经彭城伯夫人、张太后母亲向明成祖推荐给宣宗绘《瓜鼠图》，选入内宫抚养，成为以后宣宗择配的人选。她虽出身卑微，但面貌姣好，聪慧伶俐。

永乐十五年（公元1417年），成祖降旨给皇孙朱瞻基选妃，结果选中了济宁（今山东济宁）百户胡善祖的三女儿胡氏，并册封她为皇太孙妃，只把孙氏封为皇太孙嫔。宣宗即位以后，册立胡氏为皇后，孙氏为贵妃。胡氏虽然贞静端淑，但身体病弱，不能生育，所以为宣宗所冷落。孙贵妃虽暂无子嗣，然而颇具姿色，故为宣宗所宠爱。宣德二年（公元1427年）十一月，孙贵妃

生下朱祁镇（存疑），从而使宣宗更立皇后的念头更加强烈。后来还是把胡皇后废掉了。

明宣宗仿照宋仁宗废郭皇后为仙妃的先例，胡皇后被废之后，号静慈仙师，退居长安宫。张太后非常同情胡氏无故被废，而且欣赏她的贤惠，因此经常将她召入清宁宫中，与自己一同居住。内廷朝宴的时候，张太后命胡氏坐在孙皇后的上座，孙皇后为此经常怏怏不乐。正统七年（公元1442年）十月，张太后病逝，胡氏非常悲伤，不到一年也因病去世了。

明宣宗为什么有两位皇后胡氏和孙氏？

明宣宗的皇后胡氏，全名胡善祥，是明宣宗的元配，济宁人。

胡善祥被选为嫔妃，进而被册立为皇后，完全是出自于偶然。永乐十五年（公元1417年），皇太孙朱瞻基19岁，成祖下令为他选妃。司天宫经过占卜，言说应在济河一带求得佳女。因此济宁人锦衣卫百户胡荣的三女儿胡善祥便被选中为皇太孙妃，后来又晋为太子妃，宣宗即位以后，胡氏被封为皇后。虽然胡善祥贵为皇后，但是因为不能生育，所以并不得宠，宣宗最心爱的女人是孙贵妃。宣德三年春，宣宗以皇后无子多病为由，命令胡皇后上表辞位。胡氏退居长安宫，赐号静慈仙师。大臣们如张辅、蹇义、夏原吉、杨士奇、杨荣等都为这件事争论不已，但是玄宗还是册立了孙贵妃为皇后。宣宗母亲张太后同情胡氏的遭遇，常召她居住在清宁宫。

胡善祥无过被废的事，百姓们都知道，而且都非常同情这位可怜的皇后。据说宣宗晚年也曾为此事悔恨过。

英宗正统七年（公元1443年），太皇太后张氏去世，胡氏悲痛不已，由于伤心过度于第二年病故，只以嫔妃礼安葬。天顺七年（公元1463年）七月，胡氏才被追谥为"恭让诚顺康穆静慈章皇后"，并为她专修陵寝。

孙氏是明宣宗的第二为皇后，她出身低微，是永城县主簿孙忠的女儿。孙氏自幼长得如花似玉，由于宣宗朱瞻基的外祖母是永城人，所以朱瞻基偶然见到孙氏，大为倾慕。永乐十五年（公元1417年），宣宗19岁时，孙氏被册立为太孙妃。

宣德元年（公元1426年），宣宗即位后，非常宠爱孙氏。孙氏工于心计，而且善于揣摩宣宗的心思。当时，被立为皇后的胡氏因多年没有生子而失宠，孙贵妃虽然也没儿子，但是她有心计更有胆量。她把皇帝临幸过宫人的孩子，冒充是自己的。这个孩子就是宣宗的皇长子，即后来的明英宗朱祁镇。对明英宗的身世，《明史》曾写道："而英宗生母，人卒无知之者。"可见明英宗的身世始终是个难解之谜。

由于孙贵妃为明宣宗"生"下了皇子，宣宗越发宠爱她，以胡皇后无子理应让贤为由，逼胡皇后上表逊位。

宣德三年（公元1428年），宣宗废胡皇后，册立孙贵妃为皇后。

宣德十年（公元1435年），宣宗驾崩，张太后立皇太子朱祁镇为皇帝，张太后被尊为太皇太后，孙皇后为皇太后。

天顺六年(公元1462年)九月,孙太后崩逝。直至孙太后死后,英宗才知道自己并非孙氏亲生,但生母是谁,已经无从查证了。

明英宗的皇后钱氏为何死后不能与英宗同穴?

明英宗孝庄皇后钱氏,海州(今天江苏连云港海州区)人氏,于正统七年被册封为皇后。后来,明英宗觉得皇后的家人权势卑微,为了提高钱皇后家人的地位,打算把皇后家的亲属都封为侯,钱皇后得知此事以后,婉言谢绝了英宗的好意。由此可见,钱皇后是一位贤德的皇后。

正统十四年,明英宗被蒙古人迎到北边打猎,皇后倾尽所拥有的财产,想尽各种办法,力求把英宗迎回北京。英宗北狩的这段日子,钱皇后回忆起过去和明英宗朝夕相处的日子,常常日哭夜泣,哭累了就趴在地上,由于不停地流泪,她的一只眼睛因此失明了,因为经常伏地痛哭,她的一条腿也患上了严重的关节炎,最后变成了跛腿。

钱皇后最终守得云开见月明,英宗终于回到了北京。然而却被明代宗囚禁在南宫,只有钱皇后陪伴着英宗。钱皇后没有儿子,周贵妃生长子朱见深,即后来的成化皇帝。

钱皇后与明英宗有多年的夫妻患难之情。在明英宗弥留之际,他回首自己一生的沧桑岁月,想起在南宫被囚禁的艰难岁月,所留恋的并非人世间的荣华富贵,而是依依不舍与钱皇后的这段人间真情。因此,他遗诏群臣,千秋万代之后,钱皇后一

定要和他同葬。英宗之所以想到这些，是因为从明宪宗开始，大明朝的皇帝就不是嫡出了，因此引起了供奉祖宗、合葬等很多问题。

明宪宗即位之后，为生母周太后和钱皇后上徽号，就召集大臣进行商议，太监夏时知道周太后的心意，就说皇帝只想尊生母周贵妃为皇太后。然而大学士李贤、彭时等对此持不同意见，据理力争，最后两宫得以并尊，钱皇后被称为慈懿皇太后。

在修建英宗裕陵之时，李贤、彭时奏请皇上说要营建三个墓室，大臣廷议的时候，太监夏时说不能那么做。因为双方僵持不下，事情就这样被搁置了。

后来，到了成化四年六月，钱太后走到了生命的尽头。弥留之际，钱太后最后的心愿就是能与自己心爱的明英宗合葬在一起。但是明宪宗的母亲周太后不想让钱太后入葬裕陵，就出面干涉。明宪宗没有办法，于是让太监夏时和怀恩召集众多大臣一起商议。大臣彭时坚持说："有英宗皇帝的遗诏，钱皇后合葬裕陵，祔太庙，没有什么可以改变的。"

次日，宪宗再次询问彭时，彭时依然像昨天那样回答。宪宗无奈地说道："我怎会不知道应该按照先皇的意思去做呢？我只是担心日后我母亲再想入葬裕陵会因此受到妨碍。"彭时说："皇上用孝心侍候两宫皇太后，天下都知道陛下孝顺的名声，如今按照先皇的遗诏操办钱太后的葬礼，这是合乎礼法的，也是皇上对先皇帝和钱太后尽孝道的最终结果啊！"彭时后来主张把钱太后合葬在裕陵左侧的墓室，把右边的墓室留给周太后未

来入葬,并且彭时的此项提议得到了吏部尚书李秉、礼部尚书姚夔等众多大臣的赞成。宪宗皇帝说:"你们说得都有道理,如果不遵照礼制合葬钱太后是为不孝,如果不征得母亲的同意也是不孝顺啊!"第二天,詹事柯潜、给事中魏元等上奏要求皇帝采纳彭时的建议,希望早日合葬钱太后,没有得到答复。

又过了一日,礼部尚书姚夔又与大臣联名上书,依然没有得到答复。后来宪宗下旨意,要给钱太后另择安葬地点。因此,百官在文华殿外边哭着劝谏宪宗改变主意。皇帝迫于压力,只得答应合葬钱太后于裕陵。

当年九月,钱太后被合葬于裕陵,但是却走不同的隧道,距离放置英宗灵柩的玄堂有数丈远。中间阻隔,把石圹的位置空出来留给周太后,周太后的隧道和英宗的玄堂打通,并且在奉先殿的祭祀神位中间,也没有钱太后的神位。因此,明英宗和钱皇后死后同穴的遗愿终究没有彻底实现,实在可悲可叹!

明景帝的皇后汪氏是怎样一位皇后?

景帝皇后汪氏,顺天(今北京一带)人。正统十年(公元1445年)被册封为郕王妃。正统十四年冬,明英宗朱祁镇被瓦剌俘虏,郕王朱祁钰登基为帝,册汪妃为皇后。

汪皇后亦非常贤德,每当看到京师有死丧或老弱遇害者暴骨荒野时,总会心怀不忍,令人将其安葬。汪皇后只育有两女。景泰三年,杭妃生子朱见济,景帝打算废掉原太子朱见深(英宗长子),改立朱见济为太子。汪皇后执意不同意,因而触怒了景

帝,景帝废除了其皇后之位,改立杭妃为后。

英宗复辟的时候,降景帝为郕王,汪氏复称郕王妃。景帝驾崩之后,英宗让其后宫妻妾殉葬,当论及汪氏应否一起殉葬时,很多大臣不赞同,原因是汪氏已废,并且幽禁深宫,又有两女尚且年幼,所以不应殉葬。英宗同意之后,汪氏才得以活命。

朱见深复立为太子之后,知道汪氏当年支持继续以他为太子,因此对汪氏非常孝敬。按照英宗的意思,汪氏从宫中迁至郕王府,并且将所有私产和服侍她的宫女太监带出宫。

正德元年十二月,汪氏离世,帝臣商议祭葬之礼。大学士王鏊建议说:"以妃嫔之礼入葬,祭祀以皇后之礼。"于是将汪氏合葬于金山景泰陵。正德二年,明武宗上尊谥曰贞惠安和景皇后。

万贵妃与明宪宗的两位皇后吴氏、王氏为何纠缠不休?

明宪宗皇后吴氏,生于正统十三年(公元1448年),顺天(今北京一带)人,父亲吴俊是闻名遐迩的儒生,母亲是位能鼓琴、喜吟诗的才女。

天顺七年(公元1463年),明英宗从南宫复辟,将朱见深复立为太子,并亲自下诏为太子选妃。吴氏因才貌双全被选入其中。

天顺八年(公元1464年)正月十七日,明英宗病逝。同年,16岁的太子朱见深即位称帝,是为明宪宗。七月二十七日,明宪宗册立吴氏为皇后。但是明宪宗并不喜欢吴后,而是偏偏溺

爱大他19岁之多的万贵妃。

万贵妃非常忌恨吴皇后。于是,她想方设法地激怒吴皇后,企图使她失去控制以便从中进行报复。吴皇后也的确被万贵妃的粗俗无礼而激怒,于是命令身边的侍女将万贵妃一顿责打。万贵妃顺水推舟,借着被打的一幅狼狈相跑到宪宗面前大哭大闹,并借题发挥说吴皇后因小看她出身低微而污辱她。宪宗闻言不问青红皂白,命人用打万氏的方法打吴皇后,原想替万氏出口气也就算了。不料,万贵妃依然不依不饶,一心想致吴皇后于死地。最后,宪宗不得不让步将吴后废掉。就这样,只做了一个月零一天的皇后吴氏被废,贬居于西宫之内,终日以吟诗、抚琴来打发日子。

自此,万贵妃横行后宫,并对怀有身孕的嫔妃屡下毒手。一次,被贬的吴后听说瑶族出身的纪女史遇幸怀胎,并且逃避了万贵妃的毒手,在距西宫不远的安乐堂生下一皇子。于是她命令太监张敏将小皇子藏在安乐堂旁边的一间密室,并且她每天都亲自来照料小皇子,这个皇子就是后来的明孝宗。

明孝宗即位之后,命人将吴皇后迁出西宫,安居到仁寿宫。同时,按皇太后的礼遇安排吴皇后的衣食住行。正德四年(公元1509年),吴后病逝,享年61岁。

明宪宗的第二位皇后王氏,生于正统十四年(公元1449年),上元(今江苏江宁)人。王氏是中军都督王镇的女儿。天顺七年(公元1463年),明英宗为太子朱见深选太子妃时,王氏顺利地被选拔入宫。天顺九年,吴后因得罪万贵妃被废之后,年仅

15岁的王氏被立为皇后。

万贵妃又利用对付吴后的老一套来对付王皇后,她经常做一些让王皇后难堪的事,不过王皇后非常聪明,她总是化怒为笑,淡然处之,使得万贵妃无计可施、无从下手。尽管王皇后假装不痛不痒的样子,但其内心非常痛苦,因为宪宗出入一些重要场合从不带她,她这个皇后根本就形同虚设,只是个花架子。

成化三年(公元1468年),大明王朝讨伐广西一带南蛮部落的人民起义时,俘虏了一批人送入北京,其中一部分女子被送进皇宫作宫女。王皇后一眼就看中了一个姓纪的小姑娘,于是将她留在宫中。成化五年(公元1470年),宪宗来到内库,对纪氏非常赏识,便召幸了她。十个月之后,纪氏生下一个皇子,即后来的明孝宗。成化二十三年(公元1487年),万贵妃因乞咽痰涌而死,宪宗由于悲伤过度,不久驾崩。太子明孝宗即位,尊王皇后为皇太后,对她十分的孝敬。正德十三年(公元1518年)年二月,王后病故,享年69岁,与宪宗合葬于茂陵。

为什么把明孝宗与张皇后的婚姻称为皇宫中的"爱情童话"?

明孝宗的皇后张氏,兴济(今河北青县)人。父亲张峦,母亲金氏。成化二十三年(公元1487年),张氏因品行出众,被选为太子妃。孝宗即位之后,册立张氏为皇后。

孝宗与张皇后的感情极深,同起同居,后宫除了张皇后之外,再无其他妃嫔,是中国封建历史上唯一一对一夫一妻的皇

一本书知晓明朝

室夫妻。

在中国封建帝王的爱情和婚姻中,这对夫妻的爱情获得金牌是当之无愧的。试想一下:一个可以呼风唤雨的皇帝能够一辈子只有一个妻子吗?非常难!但是,明孝宗做到了。

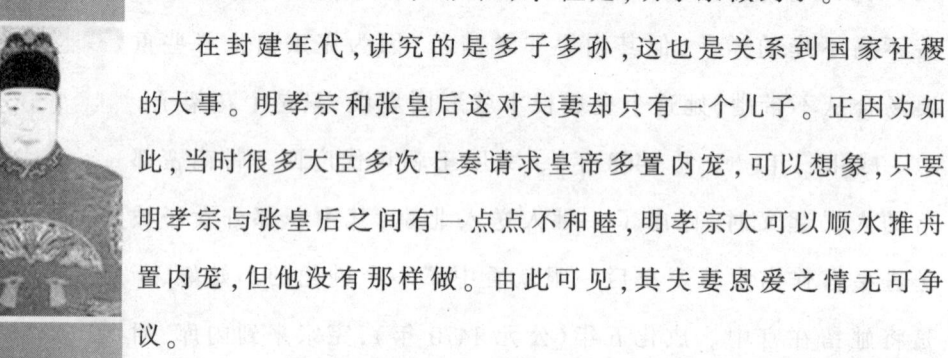

在封建年代,讲究的是多子多孙,这也是关系到国家社稷的大事。明孝宗和张皇后这对夫妻却只有一个儿子。正因为如此,当时很多大臣多次上奏请求皇帝多置内宠,可以想象,只要明孝宗与张皇后之间有一点点不和睦,明孝宗大可以顺水推舟置内宠,但他没有那样做。由此可见,其夫妻恩爱之情无可争议。

张皇后虽然获得了孝宗皇帝独一无二的爱情,晚年却过得很不顺心。公元1505年,明孝宗去世,她唯一成年的宝贝儿子朱厚照即位,是为明武宗。然而在大太监刘瑾的引导下,武宗在宫廷和民间肆意妄为,张皇后拿这个昏庸贪玩的儿子皇帝也没有一点办法。

公元1521年的一天,武宗驾着渔船在江上钓鱼玩耍,玩得兴起,不慎跌入江中,差一点就被溺死。由于当时已是九月天气,江水寒冷,加之武宗早已被女色掏空了身体,自此开始生病。数月后,武宗病死于豹房,结束了他荒唐的一生。由于武宗没有子嗣,皇位只得落于皇室旁系之手,孝宗一脉从此结束。张皇后和内阁首辅杨廷和决定,由最近支的皇室,即武宗的堂弟朱厚熜继承皇位,是为明世宗,并尊称张太后为圣母,上尊号曰"昭圣慈寿皇太后",同时尊其亲祖母邵氏为寿安太后。日子一

长,世宗对张太后淡薄的态度就慢慢显露出来了,他尊封自己生母及祖母,对张太后不再像从前那样礼遇。

朱厚熜的生母蒋氏入宫以后,张后仍以对待藩妃的礼节对待蒋氏,这引起了朱厚熜的极端不满。这让张氏吃尽了苦果,先是朱厚熜的长子哀冲太子出生,作为嫡祖母的张氏想去祝贺,却遭到朱厚熜的拒绝;接着是张氏的弟弟张延龄被人诬陷谋反,朱厚熜欲处死张延龄,由于大臣张孚敬的谏言才作罢;后来张氏的另一个弟弟张鹤龄又被人揭发谋反,于是张鹤龄也被逮捕,张氏特地穿破烂衣服坐在褥席上装成疯婆子苦苦为弟弟求情,结果没有得到朱厚熜的允许。张氏从此一病不起,最后忧死在宫中。

王满堂为什么被人称为"浣衣皇后"?

"浣衣"即洗衣的意思。王满堂在浣衣局洗过衣服是事实,而当皇后却一直未名正言顺过,完全是一个有实而无名的皇后。

王满堂是明朝正德年间霸州的大美女。当时妇道谨严,一般的女子都受着"三从四德"的规矩束缚,特别是未婚的闺女,必须要"笑莫露齿,话莫高声"、"大门不出,二门不迈",天天深锁在闺房。王满堂却是个别树一帜的叛逆者。当然,这与她父亲有莫大的关系。王父是个专替人写状纸、打官司的讼师,虽然地位不高,却也见识广博,凭着一支利笔和一张巧嘴,挣得了不少财产。由于三教九流的人物接触得多了,思想也就相对比较开

一本书知晓明朝

放。王家就只有满堂这么一个宝贝疙瘩，因此王父十分看重自己的女儿，一生下来，就一本正经地翻字典、测字，并给她取了个响当当的名字——满堂。

王满堂长大以后，长得不高不矮，不胖不瘦，模样儿俊俏可人，性格活泼开朗，人见人爱。王家对满堂十分娇纵，而且从不用"妇德"、"妇容"之类的条条框框来束缚她，任她自由自在、快快乐乐地生活成长。满堂虽然大方开朗，却并不放荡，所到之处，总给人一种火一般的热情，和她天生的美貌和随和的性格配合在一起，真是一个迷人的美女。

明武宗朱厚照15岁登基做皇帝，到20岁出头时，与皇太后产生了不同政见，皇太后暗令皇后对他严加约束。明武宗在郁怒之下，索性躲开宫中后妃，搬到特建的"豹房"中居住。所谓"豹房"，原是为了皇帝自己安身而设，里面养着雄狮、猛虎、花豹等野兽，以防外人加害。按照武宗的初衷，豹房中不设女眷，连侍候日常起居都由太监担任。武宗找来一些名士高人讲学论道，希望借以提高自己的见识和能力。不过日子一长，正年轻气盛的武宗就有些耐不住寂寞了，好色之性复发，因此下令各州府进献美女，充实豹房。

顿时各地掀起了选美热潮。选美使臣来到霸州，稍加打听，就知道了"霸州美人"王满堂的名声，召来一看，果然俏丽可爱，于是就选中了她。王满堂一家得知这个消息后，非常高兴，满以为女儿这一去京城，做上皇帝的妃子，家门从此就可以荣耀、富贵了。

一本书知晓明朝

等王满堂到京城时，各地应选的美女早已纷纷云集到了豹房。一时间，豹房中莺莺燕燕，美女如云。王满堂虽在霸州是出类拔萃的美人，最终居于落选之列。

王满堂心中充满着凄凉。回家途中夜宿驿馆时，她做了一个梦，梦见一位头环金光、身着金衣的仙人，告诉她说，将有个名叫赵万兴的人来娶她，此人贵不可言，千万不能错过。梦醒后，王满堂心中的阴霾一扫而光，不再为此番的落选而伤心，认定自己终将与贵人相伴。这样一想，她兴奋难抑，恨不得插翅飞回家中，等待名叫赵万兴的贵人出现。

回家后，父母见女儿落选，先是有些不快。当王满堂把她在驿站做的梦告诉父母之后，两位老人也觉得定有天命，只是时机未到。

王父有个好友是个和尚，到王家串门时，得知满堂落选之事，便好意宽慰王父道："不必难过，我看你家屋顶有紫气盘绕，必将有喜事临门。"和尚只是随口宽王父的心，谁知王父竟然当了真，把女儿在驿馆做梦的情形和盘托出。

和尚后来又不经意将此事告诉了他的另一位朋友——道士段长。谁想说者无心，听者有意，段长是个工于心计的家伙，而且对王满堂垂涎已久，一听此事，他顿时计上心头。

两天后，段长经过乔装改扮，化装成一个远地而来的过客，假借借宿为名进入王家，并自我介绍说自己叫赵万兴，并处处显示出富贵之态，因此很快骗取了王家及满堂的信任。不久，王家便为这两个年轻人操办了隆重的婚事。

一本书知晓明朝

段长是个野心很大的人,得到了王家的财产和美艳如花的妻子后,他又生出新的奢望,一心期待王满堂的那个美梦能梦想成真,真正成为一个"贵人"。他开始四处散播王满堂的那个奇梦。很快,很多人议论纷纷,都说王满堂生来就是皇后命,而她的丈夫"赵万兴"无疑就是将来的"皇帝"。

如此这般,很多市井少年以及地方乡绅主动投到他门下。渐渐地,段长手下结聚了一大批人马。段长把人拉到附近的深山密林里,建立起一个山寨,并不断扩张势力,准备伺机而动。

段长命人在山中用茅草盖起了宫殿,把他们占领的那个山头称为一个王国,他则自称为皇帝,并用了"大顺平定"的年号。同时,他还封王满堂为"大顺平定皇后"。段长的王国在山中自成一体,虽有帝有后、有臣有相,但并未威胁到大明王朝的安危。不过,消息传到京城,明武宗还是很不高兴,于是下令派兵进山围剿,并活捉了"皇帝"、"皇后"和山中"众臣"。

段长、王满堂等一千余人被押解到京城。明武帝在了解了全部案情之后,对王满堂发生了浓厚的兴趣。于是,明武帝亲自作出判决:段长及主要谋犯因逆君谋反之罪处死;其他附庸者因不明真象,属于盲从,不予追究责任;主犯之妻王满堂没入宫中。

将王满堂没入宫中,武宗的本意是想将她收到豹房中,以满足自己的好奇之心。谁料刑部官员在执行诏令时,误解了武宗的意思,结果把她分派到宫中的浣衣局,做洗衣女去了。

武宗等了数日,没见到王满堂,经过追问,才了解了情况,

于是下令将王满堂从浣衣局调到了豹房来侍候自己。

当年武宗选美时是见过王满堂的,不过那时的她还只是一只未成熟的青果,混在众美女中间,不足以吸引武宗的目光。而如今的王满堂,经过了几年的风吹雨打,已长成一颗熟透了的水蜜桃,鲜艳诱人,从而大大勾起了武宗的胃口。王满堂本是个非常开朗的女性,既然武宗看中了自己,那可是真正的幸运降临,恐怕要做上真正的皇后啦!这么一想,王满堂便在武宗面前,极尽娇媚之能事,把个武宗迷得神魂颠倒。

此时的明武宗刚从江南游历回京,途中染病,本应该调养休息一段时间。但一下子又得了个千娇百媚的王满堂,所以让他欲罢不能。温存于床笫之间时,明武宗曾多次戏称王满堂为皇后,并发誓有朝一日会改立她为后。可是这个诺言还没有来得及付诸实践,在王满堂进入豹房不到一月的一个夜里,明武宗便在与王满堂的缠绵中一命呜呼了。

武宗死后,明世宗即位。世宗派人清理豹房时,发现王满堂是个没有任何名份的女人,经过进一步调查,却在浣衣局的名册中发现了她的名字,于是就把她送回浣衣局为奴,大家背地里就戏称她为"浣衣皇后"。

可叹王满堂这个薄命美女,做了半辈子的皇后美梦,最终却只能做个"浣衣皇后"!

明世宗为什么有三位皇后?

明世宗皇后陈氏,是明世宗的第一任皇后,元城人,于嘉靖

一本书知晓明朝

元年（公元1522年）九月被册立为皇后。明世宗原本与陈皇后感情不错。嘉靖七年，陈皇后已怀有身孕。一天，明世宗与陈皇后闲谈叙话，张、文二妃奉茶。明世宗见张妃双手细腻白净，不觉沉醉把玩，并连连称赞。张妃猝不及防，差点将茶杯失手落地。明世宗只顾独自欣赏，全然忘记了在一旁的陈皇后。陈皇后非常生气，掷杯而起，说："皇帝这么做，完全不把旁人放在眼里！"明世宗也勃然大怒，猛踹陈皇后一脚，掉头而去。陈后惊悸，堕胎致死，明世宗遂立张妃为后。

张皇后是明世宗的第二任皇后。起初被册封为顺妃。嘉靖七年，陈皇后死，遂立张妃为皇后。当时，世宗沿循古礼，命令皇后率嫔妃在北郊亲手喂蚕，又命皇后率六宫听讲章圣《女训》于宫中。嘉靖十三年正月，世宗又废张皇后，改居别宫。嘉靖十五年，张氏死。

方氏，明世宗的第三位皇后，江宁人。由于明世宗继位十多年一直没有子嗣，大学士张孚敬建议说："天子册立皇后，应该同时建立六宫，三夫人，九嫔，二十七世妇、八十一御妻这样才能广为储嗣。现在陛下正值青春年少，应该广求淑女，这样才有可能多留子嗣。"

因此，世宗按照张孚敬的建议，在嘉靖十年三月，把方氏、郑氏、王氏、阎氏、韦氏、沈氏、卢氏、沈氏、杜氏等九人一同册封为嫔。张皇后被废以后，方氏被立为皇后，沈氏封为宸妃，阎氏为丽妃。

嘉靖二十一年，宫女杨金英等谋逆，企图刺杀明世宗。明世

宗全仗方皇后才没有受害。后宫中,曹妃颇具姿色,皇帝很宠爱她,册封她为端妃,日夜宠信。宫女杨金英等因此利用机会,用绳子准备勒死明世宗。结果却将绳子打成死结,于是刺杀未遂。一同谋逆的张金莲因为害怕,赶忙去报告方皇后,方皇后慌忙赶到,把绳子解开,明世宗才得以活命。当时明世宗因为受到惊吓,说不出话来,因此方皇后就以皇帝的名义,把曹端妃、杨金英一干人等一并凌迟处死。实际上曹端妃对刺杀一事并不知情,方皇后不过是借这次机会除掉这个女人。

嘉靖二十六年,方皇后驾崩。世宗皇帝非常悲伤,并且按照元配皇后的礼仪把方皇后安葬于永陵,追谥为孝烈皇后。

明思宗的皇后周氏是怎样一个皇后？

周氏,全名周玉凤,苏州人,周奎之女,明思宗朱由检的皇后。

明熹宗天启年间,周氏被选入信王宫充当宫女,后晋封信王妃。明熹宗天启七年(公元1627年),明熹宗驾崩,信王朱由检登基即位,是为明思宗,册立周氏为皇后。

由于明思宗宠爱田贵妃的美色,田氏恃宠生骄,因此经常和周皇后争风吃醋。周皇后为此有意冷落田贵妃。有一年正月初一,田贵妃依例要向周皇后拜年,由于天气寒冷,乘车直到皇宫才下车,周皇后很不高兴,让田贵妃等了好久才受拜,二人见面也没说什么话,田贵妃自讨没趣,匆匆返回。继而袁贵妃来拜年,周皇后对她十分热情,有说有笑,在后宫座谈了将近一个时

辰。这一冷一热，反映了周皇后的厚此薄彼。田贵妃受到如此冷遇，含恨在心，于是向思宗泣诉，这样也就影响了思宗与周皇后之间的关系。

有一次，思宗在交泰殿和周皇后相会，不知因为争论什么问题，竟然大动肝火，思宗用力将周皇后推倒在地，周后愤而绝食，后来思宗自知自己对周后太粗暴了，于是命太监赐给周后一件贵重的貂裘。周后争回了面子，始与思宗和好如初。

周皇后并非一个悍妒的女人，田贵妃因恃宠失礼被思宗斥居启祥宫，三月未获召幸。有一天，周后陪思宗到永和门赏花，发现田贵妃没有参加，周后主动派车去迎接，自此，周皇后与田贵妃的关系也大为改善。

明思宗崇祯十七年（公元 1644 年）初，李自成起义军逼近北京，大明王朝的命运岌岌可危，思宗要大臣们捐资助饷，希望周后的父亲嘉定伯周奎带头，周奎只答应捐一万两银子，思宗要他出两万两，周奎便向女儿周后诉苦，周后答应帮他出五千两，其余由周奎补足。其实，周奎是装穷，后来义军入京，抄了周府，竟抄出了白银五十二万两，金银首饰数十万两之多。

周后后生有两个皇子：太子朱慈烺和定王朱慈炯。李自成入京前夕，周后吻别两个儿子，然后自缢而死。

文臣武将篇

李善长一家为什么被朱元璋满门抄斩？

李善长是明朝的开国功臣，字百室，定远（今属安徽）人。李善长自幼就善于智计谋略，对法家学说颇感兴趣，推断时事，十推九中。

元至正十四年（公元1354年），李善长通过丁德兴推举，投于朱元璋麾下。从此以后，李善长便一心一意追随朱元璋打天下，随他"下滁阳，为参谋，预机画，主馈饷"，他曾经多次劝朱元璋效法汉高祖刘邦豁达大度，知人善任，不嗜杀人的做法，以成大业，因此颇受朱元璋器重。

随着事业的不断扩大，四方将士纷纷前来投奔。李善长善于因材用人，考察他们的才能，建议提拔有功和有能力的，处分不积极的将吏，因而使得部下能人尽其才，安心做事。武将中有以武力相争的，李善长就"委曲调护"，使之不发生矛盾。不过李善长的乡里观念很重，在战争年代，这个缺点还看不出有什么危害，到了明朝建立以后，他的同乡观念不免有结党之嫌，最后则成了致祸的口实。

朱元璋任太平兴国翼大元帅时，任李善长为元帅府都事，并且跟随朱元璋攻克集庆（今江苏南京）。朱元璋任江南行中书省平章时，任李善长为参议，军机进退，赏罚章程，多由李善长裁决。后来枢密院改为大都督府，李善长兼领大都督府司马，升任行省参知政事。至正二十七年，朱元璋自立为吴王，任

一本书知晓明朝

李善长为右相国。吴元年（公元1367年），李善长因功被封为宣国公。吴改官制，左高于右，因而李善长由右相国改称左相国，位列百官之首。曾与刘基等裁定律令。

作为"大总管"，李善长曾被朱元璋誉为"在世萧何"。李善长在朱元璋最需要的时候投奔而来，一直负责军队的粮饷供应，成为前线将士征战沙场、攻城略地的"发动机"。他是朱元璋登基典礼的"总导演"，朱元璋大封功臣时的"首席公卿"，而且是朱元璋的亲家翁。朱元璋曾特赐他一方铁制的凭券，上面写着可以免除他两次死刑、免除他儿子一次死刑的承诺。然而最终，李善长还是由于一句话不慎，招致杀身之祸、灭族之灾，全家70余口惨遭满门抄斩，朱元璋只赦免了自己的女儿和女婿，也就是临安公主和驸马（李善长之子）。

明朝建立之后，李善长参与制定官制、礼仪等，并监修《元史》，编《祖训录》、《大明集礼》。事无巨细，均由李善长与儒臣谋议而行。洪武三年（公元1370年），李善长被授予开国辅运推诚守正文臣、特进光禄大夫、左柱国、太师、中书左丞相，加封韩国公，岁禄四千石，子孙世袭。当时封公者共计六人，李善长位居第一。

胡惟庸为李善长所推荐，被擢为太常寺少卿，后升任丞相，二人往来甚密。洪武十三年，胡惟庸案（明太祖朱元璋因丞相胡惟庸谋反，株连功臣宿将的重大政治案件）发。洪武二十三年，李善长以胡党获罪，说他作为元勋国戚，知逆谋不举，狐

疑观望，心怀两端，大逆不道，因此将其一家七十余口一律处死。

至于李善长详细的死因，是因为其当时一句不慎之言。胡惟庸在朝时，曾想拉李善长下水，李善长不从，胡惟庸便拉李善长的弟弟劝说李善长。时间长了，李善长不免生厌，终于说了一句"吾老矣，吾死，汝等自为之"的不慎之言。这句话后来因为李善长的下人屈打成招，说了出来，朱元璋便以此为口实定下了李善长的谋反罪，真可谓欲加之罪何患无辞啊！

刘基为什么被称为第二孔明？

刘基，字伯温，谥文成，温州文成县南田人，是元末明初军事谋略家、政治家，通经史、晓天文、精兵法。他辅佐朱元璋完成帝业、开创明朝并尽力保持国家的安定，因而驰名天下，被后人誉为第二孔明。朱元璋也多次称刘基为："吾之子房也。"

刘伯温自幼聪慧过人。在家庭的熏陶下，他从小就好学深思，喜好读书，对儒家经典、诸子百家都颇感兴趣，尤其对天文、地理、兵法、术数之类更是潜心钻研。据说刘基的记忆力相当好，读书一目十行，过目不忘，并且文笔精彩，所写文章非同凡响。刘基14岁时入处州郡学读《春秋》，17岁时师从处州名士郑复初学习宋明理学，同时积极准备参加科举考试。天赋异禀加上后天的努力，使年轻的刘基很快在当地脱颖而出，成为江浙一带才子名士中的佼佼者，并且受到世人的瞩目。刘基于

一本书知晓明朝

元统元年（公元1339年）考取进士，从此步入仕途，开始了他在中国历史舞台上的精彩演出。

刚开始，刘基只是希望为元政府效力，通过做官来实现自己的远大理想。他在中进士后不久，被任命为江西高安县丞，后又任元帅府都事。然而他的建议却一直未得到朝廷的采纳，他的才能越来越受到朝廷的压制。刘基对此非常失望，前后三次愤然辞职，回故乡青田隐居。刘基在隐居青田期间，潜心著书立说。他将自己的思想以及对社会、人生的见解进行了深刻的总结，创作了著名的《郁离子》一书。

与此同时，全国的形势发生了根本的变化。全国各地的反元起义风起云涌，元王朝的气数将尽。但是各路反元义军各自为政，你争我夺，互不相让。刘基静观天下形势，经过一番分析，认定在众多的起义军中，以平民出身的朱元璋最有真龙天子之气，他领导的红巾军才是推翻元朝、建立新江山的队伍。

公元1360年，红巾军统帅朱元璋两次向隐居青田的刘基发出邀请，刘基经过深思熟虑之后，最终决定出山辅助朱元璋，希望通过助朱氏打江山来实现自己治国平天下的雄心壮志。和三国时期诸葛亮的"隆中对"相类，刘基初次与朱元璋相见，就提出了"时务十八策"。朱元璋一见大喜不已，从此把他视为自己的心腹和军师。

刘基出山之后，一心一意地为朱氏政权鞠躬尽瘁，积极为朱元璋出谋划策。他为朱元璋制订了"先灭陈友谅，再灭张士

诚,然后北向中原,一统天下"的战略方针。朱元璋得到刘基的辅助,正是如虎添翼。他按照刘基为他定下的战略、战术行事,先后将陈友谅、张士诚等势力消灭。然后,朱元璋派大军北上攻打元朝首都北京,同时准备在南方称帝。

公元1368年,朱元璋在南京登基称帝,正式建立大明王朝,改元"洪武"。辅助朱氏平定天下、开创朱明王朝的大功臣刘基,作为开国元勋之一,被任命为御史中丞兼太史令。为了表彰刘基的特殊贡献和巨大功勋,明太祖朱元璋还下诏免加刘基家乡青田县的租税。并且追封刘基的祖父、父亲为永喜郡公。

洪武三年(公元1370年),刘基被任命为弘文馆学士,受"开国翊运守正文臣资善大夫上护军"之称号,赐封诚意伯,食禄241石。到此为止,刘基的事业和青田刘氏家族的发展达到了最辉煌的顶峰。

作为一个智者,刘基料事如神,他深知自己平时嫉恶如仇,得罪过很多同僚和权贵,同时也深知"伴君如伴虎"的道理。因此,他在功成名就以后,毅然选择了激流勇退,于洪武四年(公元1371年)主动辞去所有职务,告老还乡,回青田隐居。

刘基在青田过了两年的隐居生活,本来打算远离世间是非纷争。但是,由于他的智慧和才能实在太高,他的名声实在太旺,甚至被民间百姓渲染成一位活神仙,这就无可避免地受到政敌的嫉妒和皇帝的猜疑。洪武六年(公元1373年),刘基的

一本书知晓明朝

政敌胡惟庸当上了左丞相,胡惟庸指使人诬告刘基,说他想霸占一块名叫"茗洋"的"有王气"的土地为自己做坟墓。早就对刘基怀有戒心的明太祖,听到诬告后果然剥夺了刘基的封禄。刘基非常惶恐,于是亲自上南京向明太祖谢罪,并留在南京不敢回来。后来,胡惟庸升为右丞相。胡惟庸的奸佞完全可以和宋朝的秦桧相提并论。刘基为此更加忧虑,终于一病不起。

洪武八年(公元1375年),刘基虽然有病在身,但仍然和所有在京官员一样,参加元旦的早朝。正月下旬,刘基感染风寒,朱元璋得知以后,派胡惟庸带了御医前去探望。御医开了药方,他照单抓药回来煎服,顿时觉得肚里好像有一些石块挤压在一起一样,使他十分痛苦。

二月中旬,刘基抱病觐见朱元璋,婉转地向他禀告胡惟庸带着御医来探病,以及服食御医所开的药以后更加不适的情形。朱元璋听了以后,只是轻描淡写地说了一些要他宽心养病的安慰话,这让刘基更加心寒。三月下旬,已经无法自由活动的刘基,由刘琏陪伴,在朱元璋特遣人员的护送下,动身返回家乡。回家后,刘基拒绝亲人和乡里为他找来的一切药石,只是勉强地维持正常的饮食。

数日之后,刘基自知时日不多,于是找来两个儿子交代身后事。交代完以后,又让刘琏从书房里拿来一本天文书,对他说:"我死后你要立刻将这本书呈给皇上,一刻都不耽误。从此以后不要让我们刘家的子孙学习这门学问。"又对次子刘璟

说:"为政的要领在宽柔与刚猛循环相济。如今朝廷最必须做的,是在位者尽量修养道德,法律则应该尽量简要。平日在位者若能以身做则,以道德感化群众,效果一定比刑罚要好,影响也比较深远,一旦部属或百姓犯错,也较能以仁厚的胸怀为对方设身处地地着想,所裁定的刑罚也必定能够达到公平服人、警惕人改过自新的目的;而法律若能尽量简要,让人民容易懂也容易遵守,便可以避免人民动辄得咎无所适从,又可以建立政府的公信力和仁德的优良形象,如此一来,上天便会更加佑我朝永命万年。"又继续说道:"本来我想写一篇详细的遗表,向皇上贡献我最后的心意与所学,但胡惟庸还在,写了也是枉然。不过,等胡惟庸败了,皇上必定会想起我,会向你们询问我临终的遗言,那时你们再将我这番话向皇上密奏吧!"最后,刘基于四月十六病逝于故里,享年65岁。六月,葬于青田武阳夏山。

武宗正德八年(公元1513年),朝廷赠他为太师,谥号文成,因此后人又称他为刘文成。文成县就是为了纪念刘基而于1948年设置的新县。世宗嘉靖十年(公元1531年),在刑部郎中李瑜的提议下,朝廷再度讨论刘基的功德功绩,并决议刘基应该和徐达等开国功臣一样,配享太庙。

宋濂为什么被朱元璋称为"开国文臣之首"?

宋濂,明朝开国元勋,字景濂,号潜溪,别号玄真子、玄真

道士、玄真遁叟，谥号文宪。浦江（今浙江浦江）人，也是明初著名的文学家。宋濂家境贫寒，但自幼勤奋好学。他一生刻苦学习，"自少至老，未尝一日去书卷，于学无所不通"。元朝末年，元顺帝曾召他为翰林院编修，但他以奉养父母为由，拒不应召。

元至正二十年（公元1360年），宋濂与刘基、章溢、叶琛同受朱元璋礼聘，尊为"五经"师。明朱元璋称帝之初，宋濂即任江南儒学提举，为太子朱标讲经。洪武二年（公元1369年），宋濂奉命主修《元史》，官至学士承旨、知制诰。后来因为被牵涉到胡惟庸案，宋濂被谪茂州，中途病死。宋濂著作有《宋学士文集》、《孝经新说》、《送东阳马生序》等。

在我国古代文学史上，宋濂与刘基、高启并列为明初诗文三大家。宋濂以继承儒家封建道统为己任，为文主张"宗经"、"师古"，取法唐宋，著作颇多。其著作以传记小品和记叙性散文为代表，散文或质朴简洁，或雍容典雅，各具特色。明朝立国之时，朝廷礼乐制度多为宋濂所制定，因此朱元璋称他为"开国文臣之首"，刘基称赞他"当今文章第一"，四方学者称他为"太史公"。

对于宋濂来说，最为可悲的是朱元璋根本不承认他是什么"大儒"，而只是带有侮辱性地称他为"文人"。因为在朱元璋的政治体制中，根本不能容忍有"大儒"——社会的思想指导者存在，皇帝本人就是思想的指导者。宋濂最后其实是死于无

辜,这也反映出明初政治的严酷。

徐达为大明朝立下了怎样的汗马功劳?

徐达是明朝的开国军事统帅,字天德,濠州钟离(今安徽凤阳东北)人。徐达出身于农家,自幼就胸怀大志。

元至正十三年(公元1353年),徐达参加农民起义军郭子兴部,听命于朱元璋麾下,并跟随朱元璋攻取了滁州(今属安徽)、和州(今和县)等地,智勇双全,战功卓著,位于诸将之上。

至正十五年,徐达跟随朱元璋渡长江,攻克采石,下太平(今当涂),俘虏了元万户纳哈出。继而率军攻克溧阳、溧水(今均属江苏)。次年,又跟随朱元璋攻克集庆(今南京),随后奉命以大将军之名领兵攻取镇江,号令明肃,被授予淮兴翼统军元帅的称号。至正十七年,徐达率军攻克常州,然后分兵夺取常熟、江阴等地,成功阻止了江浙周政权首领张士诚军的西进。次年,徐达留守应天(今南京),升为奉国上将军、同知枢密院事。至正二十年五月,长江中游汉政权首领陈友谅发兵进攻池州(今安徽贵池),徐达与中翼大元帅常遇春在九华山下设兵埋伏,俘斩陈军万余人。而后跟从朱元璋设伏于应天城下,大败陈友谅军,俘获陈军7000余人。至正二十一年,徐达跟随朱元璋攻取江州(今江西九江),率师先行,逼迫陈友谅退兵武昌,并追至汉阳。至正二十三年,徐达大败张士诚部将吕珍,然

一本书知晓明朝

后移师围庐州（今合肥），援洪都（今南昌）。在鄱阳湖大战中，徐达冲锋陷阵，大败陈友谅军前锋，杀敌1500人，使士气大振。至正二十四年，徐达升任左相国。随后，徐达引兵攻克庐州、江陵（今属湖北荆沙）、辰州（今湖南沅陵）等地，平定陈友谅余部。至正二十五年，徐达率师东进，按照朱元璋先克淮东、再占浙西、后破平江（今江苏苏州）的方略，进攻张士诚，攻克泰州。次年攻克高邮、淮安、兴化（今均属江苏）等地，淮东遂全部平定。同年八月，徐达率舟师20万，由太湖进围湖州（今属浙江），屡败张士诚军。十一月，转兵北上，合围平江，并且申明军纪，严禁抢掠民财。至正二十七年九月，徐达大败张士诚军，并俘虏张士诚。被朱元璋封为信国公。十月，徐达奉命以征虏大将军的名号与副将军常遇春率师25万，北伐元军，连战连捷，迫使元济南守将朵儿只投降，从而占领了山东全境。

明洪武元年（公元1368）三月，徐达率军进军河南，用巧计收降元将左君弼、竹昌，并攻取了汴梁（今河南开封），继而在塔儿湾（在今偃师境）大败元兵5万，迫使元梁王阿鲁温投降，河南遂平。随后徐达分兵攻克潼关，西取华州（今陕西华县）。五月，趁朱元璋抵汴梁督战，徐达奏请乘势直捣元都。闰七月，徐达移师北上，连克卫辉（今属河南）、磁州（今河北磁县）。诸军会师于临清（今属山东）。大军沿运河北进，大败元军于河西务（今河北武清西北），进破通州（今北京通县），迫使元顺帝北逃。八月初二，徐达督军攻克大都（今北京），彻底推翻了元朝

统治,并乘胜攻克真定(今河北正定)、怀庆(今山西沁阳)等地。当时,徐达闻讯元将扩廓帖木儿自太原引兵出雁门将攻北平(今北京),遂与诸将商议,运用批亢捣虚战术,乘其不备直捣太原,逼迫扩廓帖木儿回军救援。徐达选精兵夜袭敌营,俘降4万余人,太原遂克,从而占领了山西。洪武二年,徐达挥师入陕西,迫使元将李思齐投降,斩元将张思道,陕西遂平。洪武三年,徐达率师败扩廓于定西(今属甘肃),俘虏元王公、将领以下8万余人,因功被授予中书右丞相参军国事,改封魏国公。次年,徐达镇守北平,操练军马,修建城池,总领北方军事。洪武五年,徐达与左、右副将军李文忠、冯胜,各率5万骑兵分路出塞征北元。徐达自率中路轻敌冒进,至岭北(治今蒙古国哈尔和林)时突遭北元军伏击,丧师万余。次年,徐达复率兵出征,败北元军于答剌海(今内蒙古达来诺尔湖),而后还师北平,戍守边防。

徐达一生智勇双全,持重有谋,纪律严明,屡统大军,南征北战,功高不矜,曾被朱元璋誉为"万里长城"。

徐达是辅助朱元璋打天下、创江山的功臣之一。明太祖朱元璋一直对帮助自己打下天下的诸多功臣怀有强烈的戒心。关于徐达的死因,相传朱元璋当年怕徐达威胁他的皇位,于是赐他一大碗烧鹅吃。徐达因为对烧鹅特别敏感,所以平日从不吃烧鹅。但皇帝所赐,又不能不吃。因此在涕泪交流之下,把朱元璋所赐的烧鹅全部吃完。而后全身溃烂而死。另一说法是说

徐达在北平身患背疽,这是一种恶疮,很难治愈。朱元璋派徐达的长子徐辉祖带着书信前往北平探望,不久又召徐达回南京疗养。一日,宫中内侍给徐达送来皇帝御赐的食盒。徐达从病床上挣扎起来叩头谢恩,打开食盒一看,一只烧鹅呈现在眼前。据说背疽是最忌吃烧鹅的,而朱元璋偏赐烧鹅给自己,徐达明白朱元璋的意思,皇帝赐烧鹅就是赐死。因此有人说他吃完鹅没有死,而后服毒自尽了。但也有的史书上认为"赐食烧鹅"是子虚乌有的,是野史在有意歪曲事实真相,贬斥朱元璋。

汤和为大明王朝的建立做出了怎样的贡献?

汤和,字鼎臣,濠州(今安徽凤阳东北)人,明朝的开国功臣,军事家。

汤和小时候父母双亡,和朱元璋是同乡好友,后来参加了郭子兴的农民起义军,擢升为千户。汤和写信邀请朱元璋参加起义军。后来跟随朱元璋下采石(今安徽当涂西北)、太平(今安徽当涂),因战功升为统兵元帅。随后又下金坛、常州,因功晋升御史大夫。洪武元年(公元1367年)十月,汤和任征南将军,与吴祯讨伐方国珍,方国珍率部下乘海船逃跑。十二月,方国珍投降。浙东平定。同年,汤和又从海道攻取福州,进军闽中,陈友定留兵2万守福州,自领精兵守延平。洪武二年正月,汤和、廖永忠等进攻延平,围城10日,终于攻破延平城,陈友定自杀未遂,被押往应天处死。后来,汤和又先后平定了大同、

宣府(今河北宣化)，晋封为中山侯。

洪武四年(公元1371年)，汤和被封为征西将军，率领廖永忠、杨璟等部由瞿塘进攻重庆。大军进至重庆，明玉珍病逝，其子明升降明。后又随徐达北伐，晋封为信国公。

洪武十八年(公元1389年)，汤和告老还乡，赐第凤阳。后来由于沿海地带倭寇猖獗，汤和应朱元璋之请，出山到沿海防备倭寇，筑卫所城59处，征兵民5.8万余戍守，使得倭寇不敢轻犯。洪武二十三年(公元1390年)，汤和病重无法说话，见到朱元璋时，嘴角流着涎水，支撑着向他行礼。洪武二十八年(公元1395年)八月，汤和病逝，终年70岁，葬于今蚌埠东郊曹山，名汤和墓。

李文忠为明朝的创立做出了怎样的贡献？

李文忠，明朝著名的开国将领，字思本，江苏盱眙人。李文忠是朱元璋的外甥，其母为曹国长公主。

李文忠12岁丧母，由朱元璋一手抚养长大。他喜好读书，骁勇善战，治军严明。史称其"器量沉宏，人莫测其际，临阵踔厉风发，遇大敌益壮"。李文忠通晓经义、能诗善歌，可谓文武双全。

李文忠19岁率亲军，跟随朱元璋增援池州(今安徽池州市)，初立战功。继而又率部连挫元军，于元至正十八年(公元1358年)攻占浙江昌化(今临安西)、淳安等地，因功被授予帐

前左副都指挥兼领元帅府事。后来与邓愈会师，又攻克浙西重镇建德。不久，元数万水陆大军突然疯狂反击，李文忠先破其陆军，取部分首级置于木筏，顺流而下，水路元军见到这些带血的元军首级惊慌逃遁。至正二十五年春，张士诚派兵20万进攻新城（今浙江诸暨南）。李文忠率军驰援，由于敌众己寡，将士心存疑惧，李文忠激励将士说："兵在谋不在众。"次日，李文忠下令乘雾进攻，果然大获全胜，歼张军数万，俘虏将校600余人。

至正二十六年秋，李文忠率军进取杭州，迫使守军3万余人投降，因此被升为浙江行省平章。明洪武二年（公元1369年），李文忠作为偏将军跟从常遇春攻占元上都（今内蒙古正蓝旗东北）。常遇春病逝以后，李文忠代替其职继续远征漠北，俘斩元兵万余人。次年，与徐达分道北征，俘获元顺帝孙及后妃公主，升为大都督府左都督，加封曹国公，同知军国事。洪武三年（公元1370年）正月初三，李文忠随征虏大将军徐达远征漠北，攻克兴和，兵至察罕脑儿。五月，攻克应昌（今内蒙自治区克什克腾旗），生擒元帝之子买的里八剌。洪武五年（公元1372年），明太祖下令第二次北征沙漠之战，分三路北征，李文忠掌东路军，率师追至称海（今蒙古哈腊乌斯湖南，哈腊湖西）。洪武七年（公元1374年），李文忠率军攻克大宁、高州（今赤峰市东南部地区），斩故元宗壬朵朵失里等，至毡帽山斩鲁王，俘获其妃蒙哥秃。八月，率军至丰州，生擒元大臣12人。洪

武十年，李文忠负责大都督府。洪武十二年，李文忠与西平侯沐英进兵洮州（今甘肃临潭东），平定那里的叛乱，兼领国子监事。

李文忠喜好学问，通晓韬略，广交儒士，治军严明，临阵奋勇，战功卓著。他器量深沉，变化莫测，临战意气风发，遇大敌胆气益壮，且为人忠直，曾经命军中收养道上弃儿，还曾力劝朱元璋少杀人。洪武十六年（公元1383年）冬，李文忠患病，朱元璋亲临探视。洪武十七年（公元1384年），李文忠因病逝世，追封岐阳王，谥"武靖"，配享太庙，赐葬钟山之阴。其子李景隆嗣曹国公爵位。

胡惟庸有哪些奸行劣迹？

胡惟庸，濠州定远县（今属安徽）人。早年跟随朱元璋起兵，曾任元帅府奏差、宁国主簿、知县、吉安通判、湖广佥事、太常少卿、太常卿等职。洪武三年，胡惟庸拜为中书省参知政事。洪武六年七月，由于李善长推荐，胡惟庸升任右丞相，洪武十年，升为左丞相。位居百官之首。

随着权势的不断增大，胡惟庸日益骄横跋扈，擅自裁定官员人等的生杀升降。私自查阅内外诸司奏章，凡是对己不利者，均藏匿不上报。各地喜好钻营、热衷于功名仕途之徒以及功臣武夫失职者，争走其门，贿以金帛、名马、玩物等。学士吴伯宗曾因弹劾胡惟庸而险遭大祸。胡惟庸得知大将军徐达对

自己不满，曾在朱元璋面前诬奏徐达奸行，后来又诱使徐达家的守门人福寿谋害徐达。由于福寿揭发，故而未能得逞。胡惟庸还千方百计地拉拢因犯法受朱元璋谴责的吉安侯陆仲亨、平凉侯费聚，让他们在外招兵买马，以图谋反。此外，胡惟庸还勾结中丞涂节、御史大夫陈宁等人，让陈宁坐中书省阅天下兵马籍。这些勾当引起了朱元璋的极大注意。朱元璋从元亡中吸取教训，深感臣下权力太大，有可能会导致元末"宰相专权"、"臣操威福"的局面重演。于是在洪武九年，即对各省权力机构进行改革，十一年，又令六部奏事不得关白（陈述、禀告之意）中书省，进一步削弱了中书省的权力。

不久，胡惟庸的儿子驰马于市，不料发生意外，坠死于车下，胡惟庸立即下令杀死架车者。朱元璋闻讯大怒，让胡惟庸抵死偿命，拒绝了其以金帛赔偿死者的请求。洪武十三年正月，涂节和中书省吏上书密告胡惟庸谋反。朱元璋遂以"枉法诬贤"、"蠹害政治"等罪名，将胡惟庸和涂节、陈宁等人先后处死。

胡惟庸死后，其谋反"罪状"所牵涉的人接连被揭发，就连韩国公李善长、吉安侯陆仲亨、平凉侯费聚、延安侯唐胜宗等都有所牵连。朱元璋大怒，为了肃清"逆党"，株连杀戮者多达3万余人，且前后延续了10年之久。胡惟庸被杀后，朱元璋先后罢黜丞相，革除中书省，并严格规定嗣君不得再立丞相；臣下若敢有奏请说立者，即处以重刑。丞相被废除之后，其职权由六部分

理，皇帝拥有至高无上的权力，中央集权得到进一步加强。

常遇春为大明朝建立了哪些战功？

常遇春，字伯仁，号燕衡，安徽省怀远县常家坟镇永平岗人。常遇春是元末红巾军的杰出将领之一，也是明朝的开国名将。

宋朝南渡时，常氏迁到怀远，到常遇春已经是第七代。常遇春出生于元朝至顺元年（公元1330年）一个贫苦的农民家庭，貌奇体魁，力大无比，勇猛过人。常遇春23岁时，适逢元末朝政黑暗，烽烟四起的年代。后来在和阳归顺了明太祖朱元璋。

元至正十五年（公元1355年），常遇春参加农民起义军，跟随朱元璋渡长江，取太平（今安徽当涂），克集庆（今南京）等地。每战必先，屡建战功，擢升中翼大元帅。至正十七年，常遇春带兵进攻宁国（今属安徽），身中流矢，裹伤再战，此后接连攻克宁国、池州（今安徽贵池）、婺州（今浙江金华）等地。

元至正二十年（公元1360年）初，朱元璋下令常遇春与另一名大将徐达率重兵镇守池州防务。陈友谅率其兵众企图袭取池州。徐达侦获陈友谅的行动，命常遇春率精兵万人，设伏于六泉口。陈友谅兵至，开始全力猛攻池州城，徐达率领守军开城迎战，常遇春伏兵掩其后，大败陈友谅军，斩首万余，俘虏三千，陈友谅败走江州（九江）。

一本书知晓明朝

此次战役不但恢复了皖南军事要地太平县,还使汉军龟缩于武汉不敢再犯。论功行赏常遇春功劳最大。朱元璋夸赞他说:"当百万众,摧锋陷坚,莫如副将军。"

常遇春当年设伏的地点就在今天九华山的大古岭、凤凰岭一带,并在百丈潭前留有诗文:赤汗透征袍,何如孝隐高。结庐亲冢侧,只为报劬劳。

至正二十三年秋,在鄱阳湖大战中,常遇春奋勇当先,救出被陈友谅军围困的朱元璋,随即率军封锁湖口,会同诸将全歼号称60万的陈军。至正二十五年十月,常遇春作为副将军与徐达率军进攻张士诚,先取淮东,后克浙西,于至正二十七年九月攻克平江(今苏州),俘获张士诚及其将士25万余人。因此被升为中书平章军国重事,封鄂国公。十月,常遇春继续以副将军的身份与徐达率军25万北上,转战中原。次年八月,攻克大都(今北京),推翻蒙元王朝。

明洪武二年(公元1369年),常遇春率军继续北征,攻占元上都(今内蒙古正蓝旗东北),俘虏元宗王及将士万余。七月,常遇春暴病死于回师途中,死前赐后人冰铁锏,上打昏君下打奸臣(后有开平王常宝童痛打严嵩)。

常遇春一生为将,从未败北。遗憾的是,他只活了40岁。他曾自言能将十万军横行天下,所以在军中有"常十万"之称,人们赞誉他为"天下奇男子"。常遇春死后,被追封为"开平王",因而六泉口又有"开平寨"之称。当地村民为了纪念常遇

春智勇过人，还在大古岭下的在百丈潭旁侧建庙祭祀，当时称为将军庙，庙址所在村落因此得名将军村。庙内塑有常遇春全身像。抗日战争中庙宇不幸被日军焚毁，但村民们依然保持着"拜将军年"的旧俗。

明成祖朱棣为什么派遣郑和出使西洋？

郑和，小名三保，本姓马，云南昆阳州（今昆明市晋宁县）宝山乡和代村人，出生于明洪武四年（公元1371年）。郑和的先世是西域布哈拉人，即元朝的色目人。由于信仰伊斯兰教的原因，幼年时的郑和就开始学习伊斯兰教的教义和教规。郑和的父亲和祖父均曾朝拜过伊斯兰教的圣地麦加，非常熟悉远方异域、海外各国的情况。从父亲与祖父的言谈中，年少的郑和已经对外界充满了强烈的好奇心。

洪武十三年（1381年）冬，明朝军队进攻云南。此时的马三保只有10岁，被掳入明营之后，被阉割成太监，之后进入朱棣的燕王府服役。在靖难之役中，马三保在河北郑州（在今河北任丘北，非河南郑州）为燕王朱棣立下战功。永乐二年（公元1404年），明成祖朱棣认为马姓不能登三宝殿，故而在南京御书"郑"字赐予马三保郑姓，改名为和，任为内宫监太监，官至四品，地位仅次于司礼监。宣德六年（公元1431年），郑和被钦封为三保太监。

在中国历史上，郑和最为人们所熟知的莫过于前后七次下

一本书知晓明朝

西洋了。那么,朱棣为什么偏偏挑选郑和这个小太监为下西洋总兵正使呢?

这是因为朱棣皇帝对郑和的人品、才能、知识有充分的了解。郑和少年时就在朱棣身边长大,跟随朱棣南征北战,是"靖难之役"的有功之臣,被朱棣视为心腹。更为重要的是,郑和本人所具备的素质和条件非常适合担任下西洋总兵正使一职:

第一,郑和懂兵法,善谋略,英勇善战,具有军事指挥才能。郑和少年时就在明军中服役,在明军中长大,后转入燕王府侍奉朱棣。郑和成年后,历经战火的考验,跟随朱棣参与"靖难之役",南征北战,出生入死。经历过数次重大战役,具有实战经验。为此,朱棣皇帝才授予郑和"钦差总兵太监"的军衔,将两万余名官兵交给郑和指挥。郑和下西洋中的几次军事行动也证明了郑和的军事指挥才能,确保了这几次军事行动的成功。

第二,郑和知识丰富,熟悉西洋各国的历史、地理、文化及宗教情况,具有卓越的外交才能。在郑和下西洋前,郑和曾出使过暹罗、日本等国,具有外交活动经验。特别是永乐二年出使日本,通过郑和的外交活动,使得日本国主动出兵清剿在中国沿海的倭寇,并和大明朝正式建立外交关系,签订贸易条约。这些外交成果使朱棣皇帝非常满意,并为下西洋解除了后顾之忧。正是因为郑和具有卓越的外交才能,才促使朱棣皇帝把下西洋重任交托给郑和。在下西洋的途中,郑和不辞辛劳,

往返于西洋各国之间,妥善地处理各种外交事务,解决了很多棘手的问题,也化解了很多矛盾,稳定了国际关系,提高了中国在国际上的声望与威信。

第三,郑和具有一定的航海、造船知识。郑和从小就从其父亲那里学到很多有关的航海知识,熟悉海洋,并且向往航海。在担任内宫监太监时,郑和曾主持营造宫殿,监造船舶,具有丰富的造船经验。在郑和下西洋前,郑和进行了两次较远距离的海上航行,增加了航海知识,积累了航海经验,为下西洋远航打下了坚实的实践基础。在下西洋途中,郑和通过航海实践,不断地丰富航海知识,积累航海经验,提高航海技术,从而圆满地完成了下西洋远航的任务。

第四,郑和身份特殊,他是伊斯兰教徒,熟悉伊斯兰教教义、教规和宗教习俗。郑和又是佛家弟子,他自称是"奉佛信官"、"菩萨戒弟子",因而熟悉、尊重佛教。而郑和下西洋要经过的国家或地区,不是信奉伊斯兰教,就是信奉佛教。共同的宗教信仰,有利于沟通彼此之间的关系,赢得西洋国家人民的赞誉。这对郑和能出色地完成下西洋的任务也有一定的帮助。另外,郑和过人的胆识、聪明的才智、健康的体魄、踏实的作风、广阔的胸怀等个人素质都是他成功的必备条件。

正是因为郑和自身的条件和所具备的才能、素质为朱棣皇帝所赏识,所以朱棣皇帝才委以重任。郑和果然不负重望,出色地完成了远航的任务。

一本书知晓明朝

宣德八年（公元1433年）四月，郑和在印度西海岸古里去世，死后赐葬于南京牛首山。

于谦为什么被称为民族英雄？

于谦，字廷益，号节庵，明朝名臣，著名的民族英雄。官至少保，世称于少保。于谦祖籍考城（今民权县），故乡是今民权县程庄乡于庄村。于谦的曾祖于九思在元朝时离家到杭州做官，于是把家迁至钱塘太平里，所以有史记载于谦为浙江钱塘人。于谦与岳飞、张苍水三人被后世并称为"西湖三杰"。

于谦少有大志。他7岁的时候，有个和尚惊奇于他的相貌，曾言道："这是将来救世的宰相呀！"12岁时，于谦即写下明志诗《石灰吟》。永乐十九年（公元1421年），于谦考中进士。宣德元年（公元1426年），汉王朱高煦在乐安州起兵谋反，于谦随明宣宗朱瞻基亲征。被授予御史，后官至兵部侍郎。

正统十四年（公元1449年）秋，蒙古瓦剌也先大举侵犯明朝边境，宦官王振建议明英宗亲征。八月，英宗在土木堡之变中被瓦剌俘虏，消息震惊了明廷上下。皇弟郕王朱祁钰监国，将于谦擢升为兵部尚书，全权负责筹划京师防御。为了避敌，当时朝廷中有些人主张向南迁都。于谦挺身而出，驳斥了各种投降主义的论调，提出"社稷为重，君为轻"的主张，坚持保卫北京，誓死抗敌。九月，郕王即帝位，是为明景帝。十月，也先挟持英宗破紫荆关威逼京师，于谦分遣诸将列阵九门迎敌，并亲

自督战，击毙也先弟孛罗及平章卯那孩，取得了北京保卫战的胜利。

景泰元年（公元1450年），也先请求议和，同意放还英宗。八月，明朝迎回英宗，安置于南宫，尊为上皇。当时闽浙有叶宗留、邓茂七起义，广东有黄肃养起义，湖广、广西、贵州等地也有少数民族反抗，悉被于谦镇压。

景泰八年，将军石亨、宦官曹吉祥等，趁景帝病重，发兵拥立英宗复辟。英宗复位以后，石亨和曹吉祥等诬陷于谦制造不轨言论，打算另立太子，唆使科道官上奏。都御史萧维祯审理此案，判定于谦犯谋逆罪，判处死刑。英宗顾念于谦有功于国家，不忍心杀他。徐有贞奏道："不杀于谦，此举为无名！"于是以"意欲"谋逆罪将于谦处死，判其子于冕充军，发戍山西龙门，其妻张氏发戍山海关。在抄家的时候，锦衣卫发现于谦家里没有多余的钱财，只有正屋大锁牢牢锁着，打开一看，都是皇上御赐的蟒袍、剑器。看到这些，他们也禁不住落泪了。据说于谦死的当日，阴云密布，全国的百姓都认为他是冤枉的。一有个叫朵儿的指挥，本来是出自曹吉祥的部下，他把酒泼在于谦死的地方，失声痛哭。曹吉祥大怒，用皮鞭抽打他。第二天，他还是照样泼酒在地表示祭奠。都督同知陈逵被于谦的忠义感动，收敛了他的尸体。过了一年，于谦的尸骨被送回，葬在杭州。对此，《明史》也有记载：于谦"死之日，阴霾四合，天下冤之"。

成化年间，于谦之子于冕获赦，他上疏为父申诉冤枉，得

以恢复于谦的官职，皇帝赐祭，诰文里说："当国家多难的时候，保卫社稷使其没有危险，独自坚持公道，被权臣奸臣共同嫉妒。先帝在时已经知道他的冤，而朕实在怜惜他的忠诚。"此诰文在全国各地传颂。弘治二年（公元1489年），明宪宗采纳了给事中孙需的意见，赠予于谦特进光禄大夫、柱国、太傅，谥号"肃愍"，赐在墓建祠堂，题为"旌功"。万历年间，明神宗改其谥号为"忠肃"。杭州、河南、山西历代奉拜祭祀不止。后世皆尊于谦为民族英雄。

戚继光是怎样抗击倭寇的？

戚继光抗倭，即民族英雄戚继光抗击日本海盗骚扰的斗争。14世纪初期，日本进入南北朝分裂时期，封建诸侯割据，相互争权夺利。在战争中失败的一些南朝封建主，就组织武士、商人和浪人到中国沿海地区进行武装走私和抢劫烧杀等海盗活动，历史上称之为"倭寇"。

戚继光，字元敬，号南塘，晚号孟诸，山东登州人。明朝著名抗倭将领、军事家，与俞大猷齐名。戚继光率军于浙、闽、粤沿海诸地抗击来犯倭寇，历时十余载，大小战斗约八十余次，终于扫平倭寇之患，被后人誉为民族英雄，死后谥武毅。世人称其带领的军队为"戚家军"。

戚继光出生于将门之家。在父亲的严格教育和熏陶下，戚继光从小就养成了良好的品行，并且胸怀大志。当时，戚继光

耳闻目睹了海盗倭寇对我国东南沿海烧杀抢掠、灭绝人性的暴虐行径，气愤之极。他在父亲的教导下，树立了强烈的爱国思想，并立志从戎。16岁时，戚继光的父亲去世，戚继光袭职做了登州（今山东省蓬莱县）指挥佥事，后来升为署都指挥佥事，调到沿海前线负责山东海上抵御倭寇的防务。戚继光的军事指挥才能在紧张的军事生活和刀枪对阵的战场上发挥得淋漓尽致。

在我国东南沿海福建、浙江一带，有这样一个民间传说：在明朝嘉靖年间，抗倭英雄戚继光带领戚家军荡平了浙江倭寇后，带领军队直逼福建。盘踞在兴化的倭寇于是派出了侦探，搜集戚军的情报。当他们看到戚家军一天只行军二三十里，到兴化还有七八天的路程时，就回去如实禀告了头目。倭寇头目听到报告后说："还早着呢，今天咱们先喝个痛快，过两天准备防御还来得及。"不料，当他们个个喝得酩酊大醉的时候，戚家军已赶到兴化，打了倭寇一个措手不及，全歼了敌人。原来，足智多谋的戚继光，在行军途中为了麻痹敌人，故意命令士兵每天只走很短的路程就宿营。等敌探回去禀报后，就下令烙制中间带孔的饼子，用绳子穿起来，背在身上，急速向兴化进军。结果只用了一天一夜就赶完了几天路程，出其不意地把倭寇消灭了。后来，当地群众把这种中间带孔的饼称为光饼，并沿袭成风，用以纪念戚继光抗倭斗争的辉煌业绩。

军纪严明是戚继光管理军队的最大特色。开始，戚继光的

部下很看不起他。有个军官,论辈份是戚继光的舅舅,他竟然依仗自己是长辈,不服从命令。戚继光为此感到很棘手:处分吧,他是长辈,别人会说自己无情无义;不处分吧,如何服众,整顿军纪如何继续呢?"治军避亲,何以服众",经过一番激烈的思想斗争后,戚继光当众给舅舅以严格的军纪处分。这件事给了部下极大的震动,不仅严明了纪律,而且使新的战斗作风日益增长。戚继光以岳家军为榜样,"冻死不拆房,饿死不掳掠",因此深得人民的拥护和爱戴。

戚继光在长达12年的抗倭生涯中,率领军队转战东南沿海各地,历经了无数次大小战役,打得倭寇闻风丧胆。

公元1562年,戚继光在挫败进犯浙江的倭寇之后,率部入闽剿倭。狡猾的倭寇把营扎在福建宁德边的横屿上。小岛四面环水,退潮时尽是泥沼。倭寇凭借这种有利地形,在岛上又修筑了坚固的防御工事,使得陆军难以进攻,水军也无法靠近。为了消灭这股敌人,戚继光在观察地形后,制定了陆军进攻的方案。他命令战士们在海水退潮时快速在烂泥上铺上稻草,冲上横屿。就仿佛天降神兵一般,倭寇毫无准备,经过短暂的激战,倭寇被戚家军全歼,倭寇盘踞3年的横屿一举收复。戚家军从此威名远播,倭寇也因此把戚家军称为"戚虎"。

俞大猷一生都有哪些功绩?

俞大猷,字志辅,号虚江,福建晋江人,出生于洛江河市,

是明朝著名爱国将领，抗倭民族英雄，官至都督同知。俞大猷与戚继光齐名，被并称为"俞龙戚虎"。

俞大猷出身于下级军官家庭，祖籍安徽凤阳，始祖俞敏曾跟随朱元璋打天下，以开国功臣袭泉州卫百官。至其父俞元赞已历五代。俞大猷年幼时，家境贫穷，经常是吃了上顿没下顿，全家依靠母亲杨氏编发网和亲友资助勉强维持生活。不过，俞大猷非常勤奋，而且喜好学文习武，勇敢机敏。在清源山下读书时，经常独自一人在清源山虎乳岩攀援上下，锻炼灵活的手脚。俞大猷作秀才时，拜泉州名儒蔡清之门徒王宣及军事家赵本学为师，学习《易经》和兵法，并向精通荆楚长剑的李良钦学习剑术。父亲死后，俞大猷弃文从武，承袭百户官世职。

嘉靖十四年（公元1535年），俞大猷参加了全国武举会试，写了一篇名为《安国全军之道》的策论，深得兵部尚书毛伯温的赏识，荣获第五名武进士。

俞大猷一生戎马舟楫，最主要的功绩就是抗倭斗争。嘉靖三十一年（公元1552年），倭寇大举侵扰浙东，北窜苏南。俞大猷配合戚继光、邓城等将领，用福建楼船在浙东、苏南大败倭寇，消灭倭寇四五千人，击沉敌船140多艘，彻底平定了苏浙倭患。俞大猷因抗倭有功，被提升为苏浙副总兵，后任浙江总兵兼署浙江都督同知。

俞大猷性格刚毅沉稳，豪迈豁达，积极乐观，不知忧苦。在浙东的一次海战中，突然风浪狂作，天昏地暗，船只几乎倾翻。

一本书知晓明朝

将士们因此断炊两天，哭号不止，副将汤克宽则狂呼："海神保佑！"希冀神佛庇佑。俞大猷却不求神拜佛，岿然自若地对汤克宽说："我平生无所忧挂，今日若能与你一起溺海，了却生命，无负大业，是最痛快的了！"须臾之间，风平浪静，安然无恙。汤克宽非常佩服俞大猷的胆识，于是拜他为师。

嘉靖四十一年（公元1562年）冬，俞大猷攻陷兴化，朝廷遂提升俞大猷为福建总兵，戚继光为副总兵，隶属闽浙总督谭纶指挥，一同剿灭倭寇。谭纶命令戚继光、刘显、俞大猷分别率领三路大军，会攻倭寇于平海卫，歼敌2200余人，并救回3000多名被劫的居民，胜利光复了兴化城。随后，俞大猷又在晋江沿海剿灭倭寇，据说，有一次他化装潜入安平卫（今安海镇）的倭寇巢穴，侦察敌情，恰逢倭寇正在宰杀从民间抢来的牛羊，大开庆功宴。当倭寇们喝得酩酊大醉的时候，俞大猷就派一个勇敢机智的随从，乘倭寇醉得东歪西倒之际，从木栏中抱来一只羊，缚起倒挂在大鼓的前面，让羊挣扎，踢动大鼓。倭寇们以为明兵劫营，顿时方寸大乱，自相残杀，乡兵趁机杀进敌营，全歼倭寇。还有一次，倭寇攻占永宁卫，养着两只凶猛的军犬，看守营盘。俞大猷带领士兵，化装成百姓，深夜潜入敌营，在铁钩上挂上香牛肉，先诱军犬争抢牛肉上钩而杀，然后带兵冲杀敌营。倭寇溃乱，争相登船从海上逃窜。俞大猷率军在永宁卫海口一块大石旁全歼敌寇。后来，俞大猷亲自在这块石上题了"镇海石"三个大字。

一本书知晓明朝

俞大猷文武皆能、多才多艺。嘉靖年间,他亲往河南嵩山少林寺,教僧人棍法,被后世称为"俞大猷棍",使少林棍法丰富并得以继传。俞大猷还创造出一套用楼船歼灭倭寇的海战战术,并且发明了一种陆战用的独轮车。他精通六经,博学宏文,著有《正气堂集》30卷,棍术经典《剑经》,因此堪称明朝一代儒将。

万历八年(公元1580年),俞大猷病逝于家中,终年78岁,直至死前他还在领兵训练。死后赐祭葬,赠左都督,谥武襄。

海瑞为什么被称为"海青天"?

海瑞,明朝著名政治家,字汝贤、国开,自号刚峰。海瑞是著名的大清官,后人称其为"海青天",与宋朝的包拯齐名。

海瑞的祖先从福建迁到海南。在我国,回族海姓大族当数海南海氏家族。海南海氏回族,其先祖为海答尔,海答尔落户琼山后,全部族弃武从文,海瑞便是海氏第五代后裔。海瑞自幼攻读诗书经传,博学多才。嘉靖二十八年(公元1550年),海瑞中举,初任福建南平教谕,后升为浙江淳安和江西兴国知县。海瑞为政清廉,洁身自爱,为人正直刚毅,职位低微时就敢于蔑视权贵。海瑞一生清贫,抑制豪强,安抚穷苦百姓,打击贪官污吏,因此深得百姓拥护和爱戴。

海瑞是中国历史上有名的清官。他推行清丈、平赋税,并且屡次平反冤假错案,打击贪官污吏,深得民心。嘉靖四十一

年（公元1562年），海瑞任诸暨知县；嘉靖四十五年任户部云南司主事。海瑞曾上书批评明世宗迷信巫术、生活奢侈浮华、不理朝政等弊端。嘉靖四十五年（公元1566年），户部主事海瑞买棺材、别妻子、散童仆，准备以死上书，劝谏世宗不要相信陶仲文这班方士的骗术，而应该振理朝政，因而激怒世宗，诏命下狱处死。首辅徐阶竭力营救海瑞，黄光升则把海瑞上书比作儿子骂父亲，理应减轻罪责，并乘机把海瑞留在狱中，以期伺机救护海瑞。一直到同年十二月世宗驾崩，穆宗即位，黄光升等人才奏请释放海瑞出狱。海瑞于隆庆四年前往福建晋江潘湖黄光升尚书府拜谒黄光升，以谢救护之恩。

隆庆三年（公元1569年），海瑞被调升为右佥都御史。他一如既往，惩治贪官污吏，打击豪强，疏浚河道，修筑水利工程，并且推行一条鞭法，强令贪官污吏退田还民，遂留下"海青天"的美誉，深受百姓的爱戴。

后来海瑞因遭到排挤，革职闲居16年之久。万历十三年（公元1585年），海瑞重新被起用，先后任南京吏部右侍郎、南京右都御史，仍然力主严惩贪官污吏，禁止徇私受贿。当海瑞闻得潘湖黄光升的死讯，悲伤至极，带病前往晋江奔丧。万历十五年，海瑞因病逝世于南京。死后，皇帝谥号忠介。

张居正是怎样实现自己的政治抱负的？

张居正，字叔大，少名张白圭，又称张江陵，号太岳，谥号

文忠,湖广江陵(今属湖北)人。张居正是明朝伟大的政治家,改革家,也是中国历史上优秀的内阁首辅之一。

张居正生于公元1525年5月24日,卒于公元1582年7月9日。他5岁入学,7岁就已通晓六经大义,12岁考中秀才,13岁参加乡试,写了一篇相当漂亮的文章,只因湖广巡抚顾璘有意让张居正多磨练几年,所以才未中举。张居正16岁中举人,23岁中进士。

隆庆元年(公元1567年),张居正任吏部左侍郎兼东阁大学士,隆庆时期与高拱并为宰辅,还任吏部尚书、建极殿大学士等职。

高拱作为首辅,入阁后非常傲慢,从不采纳九卿的意见。高拱和张居正本为好友,但高拱高傲独断,根本不把张居正这个当年的老部下放在眼里。张居正原以为皇帝年幼,自己可以借机会一展抱负,推行变革,不料高拱保守,对自己的变革建议根本不予理睬。张居正虽对高拱十分不满,但表面上依然和从前一样,对高拱毕恭毕敬。

司礼秉笔监冯保,深得两宫太后和皇帝的宠爱,他与高拱早有矛盾。一日,一个司礼监的太监到内阁传旨,高拱斜着眼对传旨太监说:"这圣旨出自何人?难道10岁的孩童会下圣旨吗?"而且威胁说:"这都是你们这些太监干的,等着有一天我要把你们都赶走。"传旨太监回去后将高拱的话告诉了冯保,冯保非常气愤。高拱早已看出冯保的擅权,于是召集阁臣张居

正、高仪商议铲除冯保,张居正平素就和冯保很要好,而且认为这是除去高拱的好机会,于是把内阁商议的事秘密告诉了冯保。冯保闻讯赶忙去找两宫太后哭诉,两宫太后早就知道高拱跋扈,在内阁唯我独尊,冯保这样一闹,正好有了驱除高拱的理由,高拱就这样被驱走了,不久高仪也死了,张居正自然而然做了内阁首辅。

张居正做了首辅之后,大权在握。当时由于明神宗年幼,一切军政大事均交由张居正主持裁决,张居正由此一直主持国政10年。在这期间,他实行了一系列改革措施,收到了不错的成效。张居正清查地主隐瞒的田地,实行一条鞭法,改变赋税制度,使明政府的财政状况有明显改善;任用名将戚继光、李成梁等练兵,加强北部边防,整饬边镇防务;任用凌云翼、殷士儋等平定南方少数民族叛乱;任用潘季驯主持浚治黄淮,也颇有成效。

万历十年(公元1582年),张居正逝世,赠上柱国,谥文忠。

明朝权臣严嵩为什么被称为"青词宰相"?

严嵩,明朝权臣,字惟中,号勉庵、介溪、分宜等,江西分宜人,专国政长达20年之久,是中国历史上著名的权臣之一。

严嵩幼时聪慧,加上他父亲对他的学业格外关心,严嵩8岁时就能书史成诵。据《严氏族谱》记载,严嵩读私塾时,曾与

其老师及叔父对联语有曰:"手抱屋柱团团转,脚踏云梯步步高";"一湾秀水足陶情,流珠溅玉四顾好山皆入望,削碧攒青";"七岁儿童未老先称阁老,三旬叔父无才却作秀才"。因其出语不凡,被人称为神童。

正德二年(公元1507年),严嵩庶吉士结业,被授为翰林院编修。他终于实现了父祖的宿愿,跻身于翰林之列。

严嵩少年得志,一片锦绣前程已经摆在他面前。然而,在正德三年(公元1508年)三月和次年夏天,其祖父和母亲相继去世,严嵩不得不回乡守制,从而中断了官场生涯。按照封建礼制,子孙守制三年即可,而严嵩却在家一呆就是八年。原来,借守制为名,严嵩在家乡的钤山读起书来。正当壮年,严嵩为何放弃大好前程,退隐钤山呢?这是与正德年间特殊的政治环境有密切关系的。

明武宗朱厚照好逸乐,建豹房,游宣府,终日为所欲为,纵情享乐。武宗的荒政,给宦官刘瑾提供了擅权机会,使得明朝正德年间的宦官之祸愈演愈烈,很多忠直之士都受到各种不同程度的打击和迫害。

严嵩就是基于此种政治形势才决定退隐的。作为新科翰林,如果他与阉党抗衡,无异于螳臂挡车。如果出仕,则必须投靠阉党,而这是为读书人所不耻的。严嵩退隐钤山,还与明朝的党争有着千丝万缕的关系。当时当权的宦官刘瑾是陕西人,阁臣焦芳是河南人,因此,他们提拔和引荐的大批官员都是北

方人。朝廷是北人的天下，南人大多受到排挤和迫害。尤其是阁臣焦芳，对江西人格外排挤。原来，焦芳曾为侍讲九年，后迁学士时，因人品不好，曾遭到江西人詹事彭华的讽刺："焦芳也做了学士吗？"焦芳遂对江西人恨之入骨。严嵩籍系江西，而且位卑权微，在当时的政治舞台上，他根本不可能有施展才能的机会。正因为如此，严嵩才审时度势，托辞称病，隐居起来。

在归隐期间，严嵩广结名流，与李梦阳、王守仁、何景明、王廷相等人都有交往。这些人不但学识渊博，而且都曾是敢与阉党作斗争的仁人志士，名望颇高。严嵩与他们把酒论诗，剖经析义，既提高了自身的文学声望，也扩大了社会影响。正德七年（公元1512年），严嵩还应袁州府太守之请，修《袁州府志》。严嵩经过三年的努力，于正德九年将《袁州府志》纂修完毕。该志颇具独到之处，严嵩因此也声望日隆。

隐居的八年，对严嵩的宦海生涯具有非常重要的意义。退隐期间，严嵩能够明哲保身，远离官场争斗。在此期间，严嵩潜心读书，使其文学素养大为增进，这对他复出后能够纵横官场、诗文奏对得到皇帝欢心大有裨益。同时，严嵩通过八年的韬光养晦，也为自己赢得了清誉，此时他已不再仅是个新科进士，而是一位具有很高文学声望和社会影响力的人物。这为他重返仕途积累了丰厚的资本。

正德后期，刘瑾被诛，焦芳削官，朝廷中当政的杨廷和、费宏等人皆是南人，也多属于正直之士，与严嵩多少也有些交

情。于是严嵩把握时机，准备出仕。正德十一年（公元1516年）三月，严嵩应诏复职，重返仕途。

当时的明世宗在政治上无甚建树，却将主要精力放在了玄修上，热衷于炼丹制药和祈求长生。在那些看似神秘的仪式中，世宗经常需要撰写一些焚化祭天的青词，由此就产生了明朝乃至中国历史上都首屈一指的"青词宰相"。

所谓青词，就是道教斋醮（jiào）时上奏天帝所用的表章，因为是用朱笔写在青藤纸上，故而得名。这是一种赋体文章，需要用极其华丽的文笔表达出皇帝对天帝的敬意和求仙的虔诚。世宗经常要求臣下进献青词，如果写得好就可以立即加官晋爵，甚至入内阁。当时朝中的很多大臣都因进献青词而得宠。严嵩由于文笔颇佳，因而所作青词非常合乎世宗之心意，因此找到了一条升官的捷径。嘉靖十八年（公元1539年）正月，世宗举行"尊天重典"，礼部尚书严嵩尽职尽责，作青词颂德，被特加太子太保。当时，与严嵩齐名的还有夏言，他与严嵩"俱以青词得幸"，时人讥讽其二人为"青词宰相"。

夏言曾在世宗朝前期担任过礼部尚书，后来又担任内阁首辅。他在严嵩的政治生涯中起过非常重要的作用。他曾经是严嵩向上攀爬的阶梯，后来又与严嵩相互倾轧。在经过了长达十余年的相互倾轧之后，夏言最终被严嵩陷害，惨遭弃市（弃市是古代的一种刑法，在闹市处以死刑，并将犯人暴尸街头）。

袁崇焕是怎么死的？

中国历史上的英雄人物不胜枚举，但因为蒙受千古奇冤而死的就屈指可数了，袁崇焕便是其中之一。

袁崇焕，字元素，广东东莞人。明万历十二年（公元1584年），袁崇焕生于一个农民兼商人的家庭，自幼聪慧过人，文能安邦，武可定国，而且具有雄才大略。袁崇焕青少年时代在广西藤县读书时就有一番凌云之志，他在《咏独秀峰》五言绝句中说道："玉笋瑶簪里，兹山独出群。南天撑一柱，其上有青云。"袁崇焕22岁中举人，35岁中进士，曾任福建邵武县令，尽管任职时间非常短，却居官清廉，尽心为民，颇受百姓拥戴。

天启二年（公元1622年），袁崇焕任兵部职方司主事，主管疆域图籍。当时正逢努尔哈赤在广宁（今辽宁省北宁市）大败明军，明朝在山海关外的城堡丧失殆尽。就在大明社稷危在旦夕之际，袁崇焕挺身而出，单骑出关二百里巡察形势，回朝后奏请皇帝："予我兵马钱谷，我一人足也。"在文武群臣畏缩不前的时候，袁崇焕却攘臂请行，恰恰显示了他惊人的胆略和雄心壮志。后来他在《边中送别》一诗中写道："五载离家别路悠，送军寒浸宝刀头。欲知肺腑同生死，何用安危问去留。权策只因图雪耻，横戈原不为封侯。故园亲侣如相问，愧我边尘尚未收。"明廷提拔袁崇焕为兵部佥事，督理山海关外军务。赴任之后，袁崇焕勤于职守，抚慰军民，加快修筑宁远（今兴城）等诸城，募散兵，练军马，很快收复了大凌河以西大片土地。辽西一

度出现了"商旅辐辏,流移骈集,远近望乐土"的繁荣景象。

可惜好景不长,阉党高第以兵部尚书经略辽东后,因为畏惧后金的兵强将勇,下令撤关外戍兵,放弃关外土地。身为宁前道的袁崇焕违抗了高第的旨意,决心身卧宁远,誓与宁远共存亡,死守不移。结果,山海关外,只剩下了宁远孤城。善于用兵的努尔哈赤看准如此良机,遂于天启六年(公元1626年)正月,率13万八旗军西渡辽河,长驱直入,直逼四虚无援的宁远城。袁崇焕闻报后,毫无惧色,镇定自若,排兵布阵,有条不紊。他充分认识到敌强我弱的不利形势,城中兵力不足两万,决不能硬拼,取胜之道在于固守。于是下令将士严把四门,设红夷大炮(英国制造的早期加农炮)于城墙炮台上,以台护炮,以炮护城,以城护民。袁崇焕还下令焚毁城外房舍,将城外百姓转移入城,坚壁清野,严防奸细,并且编派民夫,为将士送饮食、运弹药。结果努尔哈赤攻城四天,不但城未攻克,而且损兵折将,中炮负伤。无奈之下,努尔哈赤含恨撤兵。袁崇焕由此夺取了辽事以来明军的第一个胜仗——宁远大捷。此次战役明军以少胜多,挫败了后金的强大攻势,保卫了京师的安全。

努尔哈赤遭到如此惨败,愤恨至极,终因心情抑郁,加之痈疽迸发,气病而亡。皇太极为了替父报仇,遂于天启七年(公元1627年)五月亲率数万大军攻打宁远和锦州。经过二十五天的激战,结果又遭到袁崇焕重创,明军获宁锦大捷。宁锦大捷彻底挫伤了后金的锐气,而明军士气大振,从而使皇太极在

位十七年未敢近关门一步。

袁崇焕虽然打了大胜仗，获得了封赏，却也同时招来了更多怨恨。阉党魏忠贤妒贤嫉能，在天启皇帝朱由校面前极尽诬蔑诽谤之能事，结果使袁崇焕被罢官弃职。天启七年（公元1627年），天启皇帝驾崩，崇祯皇帝继位，惩治阉党，袁崇焕重新被起用，官至兵部尚书兼右副都御史，督师蓟、辽、登、莱、天津军务。袁崇焕虽然在仕途上达到了顶峰，但并未给他带来好运，相反，却一步步走向深渊。

崇祯二年（公元1629年）十月，皇太极绕过宁远直攻北京。袁崇焕闻报，连忙昼夜疾驰入关解京师之危。在北京德胜门、广渠门、左安门、永定门和后金军展开一次次血战。袁崇焕身先士卒，使后金军屡战屡败。皇太极对袁崇焕恨之入骨，决定使用反间计将他除掉。皇太极命两个将士坐在两个被俘虏的明朝太监隔壁故作耳语，秘密交谈。他们在谈话中说袁崇焕早已与皇太极有密约，攻取北京指日可待。然后故意放两个太监潜逃回宫。两个中计太监立即将窃听"密语"奏报崇祯帝。崇祯帝本就生性多疑，遂以谋叛之罪将袁崇焕打入监牢。此案轰动了整个朝廷，很多大臣都挺身而出为袁崇焕伸张正义。无奈奸臣当道，崇祯帝又刚愎自用，坚信袁崇焕通敌谋反。崇祯三年（公元1630年）八月十六日，袁崇焕被以"莫须有"的罪名，在北京西市遭凌迟处死，年仅46岁。可怜一代名将就此遭受千刀万剐，而一些不明真相的京城百姓也误信袁崇焕是卖国贼，

竟然争抢着去嚼食他身上割下的肉以发泄愤恨。袁崇焕被杀之后，其兄弟和妻子被流放到3000里的地方。当抄没其家产的时候，人们却发现他家中没有什么积蓄。后来清乾隆皇帝为袁崇焕平反，方使袁崇焕冤案大白于世。

袁崇焕一生纵横疆场，舍死忘生，为国为民，为捍卫大明江山屡屡立下汗马功劳。而昏庸崇祯帝不加详查就枉杀忠臣良将，无异于自毁长城，从而加速了大明王朝的灭亡。

魏忠贤都做了哪些龌龊勾当？

魏忠贤，原名李进忠，明朝末期臭名昭著的大宦官，北直隶肃宁（今属河北）人。魏忠贤出身于市井无赖，后因赌债问题不得不自阉入宫做太监。在宫中魏忠贤攀附太子宫太监王安，得其佑庇。后又结识皇长孙朱由校的乳母客氏，并与其对食（指宫女与宫女之间，或太监与宫女之间结为"夫妇"，搭伙共食）。对皇长孙朱由校，魏忠贤则极尽谄媚之能事，引诱其宴游，甚得其欢心。泰昌元年（公元1620年），朱由校即位，是为明熹宗。魏忠贤升为司礼秉笔太监。

明熹宗是个"木匠天才"，自幼喜爱刀锯斧凿油漆的工作，"朝夕营造"，"每营造得意，即膳饮可忘，寒暑罔觉"。他曾亲自在庭院中建造了一座小宫殿，形式模仿乾清宫，高不过三四尺，却曲折微妙，巧夺天工。魏忠贤总是乘他做木工做得全神贯注之机，拿重要的奏章去请他批阅，从而使得熹宗非常扫

兴，于是熹宗随口说："朕已悉矣！汝辈好为之"。久而久之，魏忠贤逐渐代替皇帝专擅朝政。

当时的东林党人士吏部尚书赵南星，在朝廷中竭力排斥异己，遂使非东林派愤而结交魏忠贤。公元1624年，魏忠贤遭到杨涟的弹劾，于是开始大规模迫害镇压东林党人士。天启五年（公元1625年），魏忠贤借熊廷弼事件，诬陷东林党人左光斗、杨涟、周起元、周顺昌、缪昌期等人有贪赃之罪，大肆抓捕东林党人。天启六年，魏忠贤又杀害了高攀龙、周宗建、黄尊素、李应升等人，东林书院被全部拆毁。至此，东林党被阉党势力彻底消灭。

魏忠贤与皇帝乳母客氏沆瀣一气，狼狈为奸，极受宠信，被封为"九千岁"。魏忠贤还在民间养了不少"义子"，如什么"五虎"、"五狗"、"十孩"、"四十孙"等。在其权势的全盛时期，各地的大小官吏纷纷对其阿谀奉承，甚至为他设立生祠。公元1627年，崇祯帝朱由检登基即位之后，魏忠贤遭到弹劾，被流放于凤阳，在途中畏罪上吊自杀。

史可法是如何坚持保卫晚明王朝的？

史可法，明末政治家、军事家，字宪之，又字道邻，今河南开封人。史可法是明朝南京兵部尚书东阁大学士，因为抗清被俘，不屈而死。南明朝廷赐其谥号忠靖。清高宗追谥忠正。其后人收集其著作，编为《史忠正公集》。

崇祯元年（公元1628年），史可法中进士，授西安府推官。历任户部员外郎、郎中等职。崇祯八年（公元1635年），史可法跟随卢象升镇压各地农民起义。崇祯十年（公元1637年），史可法由张国维推荐升任都御史，巡抚安庆、庐州、太平、池州及河南江西湖广部分府县。崇祯十四年（公元1641年），史可法总督漕运，崇祯十六年（公元1643年）七月，拜为南京兵部尚书，参赞机务。崇祯十七年三月，李自成攻破北京，弘光政权建立后，史可法拜礼部尚书兼东阁大学士，时称"史阁部"。当时朝廷商议设立刘泽清、刘良佐、高杰、黄得功江北四镇，以可法为兵部尚书，督师扬州。

明朝当时处于清朝、大顺两方面的压力之下，以史可法为首的诸多大臣，主要采取的策略是"联虏平寇"，期望可以借助清军的力量，首先剿灭李自成的势力，然后谋求后续打算。然而南明朝廷却不能同仇敌忾，仍然党争不断，文武官员之间勾心斗角、争权夺利。东林党人和马士英、阮大铖之间的矛盾，以及姜曰广、高弘图、刘宗周等人的辞官，说明了明朝廷已无法齐心一致对外，因此已然预示了明朝气数已尽。

史可法后来遭到马士英等人的排挤，失势之后自请督师江北，前往扬州统筹刘泽清、刘良佐、高杰、黄得功等江北四镇的军务机宜。然而，四镇因定策之功而飞扬跋扈，各自据地称雄，史可法和朝廷皆无力管束。四镇尾大不掉、各自为政，致使明军不仅无力进取，连抵抗清军南下都无能为力。

一本书知晓明朝

顺治二年四月，左良玉率数十万大军，由武汉举兵东下，要清君侧，"除马阮"，马士英竟然下令史可法尽撤江防之兵以防左良玉。史可法不得不兼程入援，赶往燕子矶，导致淮防空虚。左良玉后为黄得功所败，吐血而死，全军降清；史可法奉命北返，此时盱眙降清，泗州城陷。史可法遂到扬州，继续抵抗清兵。

顺治二年（公元1645年）五月十日，清豫亲王多铎领兵围困扬州，史可法传檄诸镇发兵救援，然而刘泽清北遁淮安，只有刘肇基等少数援兵赶到，防守十分艰难。此时多尔衮劝降史可法，史可法致《复多尔衮书》，拒绝投降。《复多尔衮书》曰："今逆贼未服天诛，谍知卷上西秦，方图报复。此不独本朝不共戴天之恨，抑亦贵国除恶未尽之忧。伏乞坚同仇之谊，全始终之德；合师进讨，问罪秦中；共枭逆贼之头，以泄敷天之愤。则贵国义闻，炤耀千秋，本朝图报，惟力是视。"

副将史德威追随史可法多年，史可法收德威为义子，托以后事。二十四日，清军以红衣大炮攻城。当夜扬州城被攻破，史可法欲拔剑自刎，被众将拦住。众人拥下城楼，大呼曰："我史督师也！"多铎再度劝降，史可法表示："城亡与亡，我意已决，即碎尸万段，甘之如饴，但扬城百万生灵不可杀戮！"而后壮烈就义。多铎由于攻城的清军伤亡惨重，心中十分恼恨，下令屠城。大屠杀一直延续了十天，死亡八十万人，史称"扬州十日"。史可法死后十二日，其遗体不知所踪，第二年，副将史德威将

其衣冠葬于扬州城天甯门外梅花岭。

史可法这种不卑不亢、誓死不降的气节实在可敬可佩！

为什么把郑成功称作民族英雄？

郑成功，明清之际著名的民族英雄，我国历史上著名的军事家、政治家。原名森，幼名福松，字明俨，号大木，福建省南安市石井镇人，出生于公元1624年8月27日。史书记载他"少年聪敏，英勇有为"。11岁时，郑成功就已经聪明过人，曾写过一文：《小子当洒扫应对进退》，其文中这么写到：汤武之征诛，一洒扫也；尧舜之揖让，一进退应对也。郑成功的老师看了为之赞不绝口。

郑成功的父亲郑芝龙是一个海盗出身的明朝将领，母亲是日本人，叫田川氏。郑成功出生于日本九州平户藩，祖籍河南省固始县汪棚乡邓大庙村。明绍宗赐其姓朱，并封忠孝伯，这也就是他俗称"国姓爷"的原因。清兵入福建之后，郑芝龙迎降，郑成功不愿从父命降清，于是举兵抗清。后与张煌言联师北伐，震动东南。明隆武二年（公元1646年）二月，隆武帝（明唐王朱聿键）移驻延平府。三月，郑成功在延平向隆武帝"条陈"："据险控扼、拣将进取、航船合攻、通洋裕国"（后人称之为"延平条陈"），被隆武帝叹为奇策，遂封郑成功为"忠孝伯"，并赐予尚方剑，挂"招讨大将军"印。在延平设军事指挥部、水师训练基地，巡守南平闽浙赣边关。八月下旬，郑成功辞

别隆武帝,在延平闽江与清军作战,由于交锋不利,率军南下。以"招讨大将军"之名举义旗于金、厦沿海一带。

永历七年(公元 1653 年),隆武帝封郑成功为"延平公"。永历十二年正月,郑成功被明永历帝晋封为"延平郡王",后人因此亦称郑成功为郑延平。

康熙元年(公元 1662 年),郑成功率军数万人,自厦门出发,于台湾禾寮港登陆,打败荷兰殖民者,收复台湾。这使得他彪炳千古,名留青史。但由于当时的台湾处于热带,再加上卫生条件非常差,郑成功到了台湾没多久就染上了疫病,并于 1662 年 6 月 23 日(农历五月初八)病逝,终年 38 年。

其实,郑成功生平最光辉的业绩,并非收复台湾,而是抗击清兵,他与西南抗清将领李定国一个在云南广西,一个在东南沿海,屡屡给清兵以致命的打击,支撑南明政权长达二十年之久,堪称擎天双柱,迫使清廷不得不做出让步,为后来的"康熙之治"打下了基础。

因此,郑成功堪称不折不扣的民族英雄!

李自成起义经历了怎样的曲折历程?

李自成,原名鸿基。党项族后裔,世居陕西米脂李继迁寨。李自成称帝时以党项族李继迁为太祖。世人称其为闯王、李闯。李自成是明末农民军领袖之一,大顺政权的建立者。

李自成自幼喜好枪马棍棒。父亲去世后,李自成去了负责

传递朝廷公文的驿站当驿卒。明朝末年的驿站制度有诸多弊端。明思宗崇祯元年（公元1628年），全国1/3的驿站被裁撤，李自成因为丢失公文也被裁撤，失业回家，并欠下了一笔债务。同年冬天，李自成因还不起举人艾诏的欠债，被艾举人告到米脂县衙。县令晏子宾将李自成"械而游于市，将置至死"，后来被亲友救出。年底，李自成杀死债主艾诏。后来，因为妻子韩金儿与村上一个名叫盖虎的人通奸，李自成又杀死了妻子。由于身上背负着两条人命血案，李自成和侄儿李过于崇祯二年（公元1629年）二月到甘肃甘州（今张掖市甘州区）投军。当时，杨肇基任甘州总兵，王国任参将。李自成不久便被王国提升为军中的把总。同年，李自成在榆中（今甘肃兰州榆中县）因欠饷问题杀死参将王国及当地县令，发动兵变。

李自成起义后转战汉中，参加了王佐挂的义军。公元1630年，王佐挂被明廷招降。李不得不投奔张存孟的义军。在此期间，后金第一次入塞，北京震动，大将军袁崇焕被皇帝凌迟处死。公元1631年4月，张存孟在陕北战败降明。李自成率余部东渡黄河，投奔他的舅父"闯王"高迎祥，称"闯将"。

崇祯七年（公元1634年），后金军第二次入塞。同年6月，明将陈奇瑜奉命镇压农民起义军，引军西向，约会陕西、郧阳、湖广、河南四巡抚围剿汉南农民军。李自成等部见明军云集，竟误走兴安（今陕西省石泉以东的汉江流域）车箱峡。峡谷之中为古栈道，四面山势险峻，易入难出，唯一的出口已被明军

截断，情势危殆。李自成用顾君恩之计，贿赂陈奇瑜左右人士，向官兵诈降。陈奇瑜竟然信以为真，释放了李自成等人，并派五十多名安抚官将义军遣送回籍。刚一出栈道，李自成便立刻杀死了安抚官。

公元1635年，高迎祥、张献忠、老回回、罗汝才、革里眼、左金王、改世王、射塌天、横天王、混十万、过天星、九条龙、顺天王等十三家七十二营起义军在河南召开"荥阳大会"，李自成提出"分兵定向、四路攻战"的战略。会后高迎祥、张献忠率兵攻下南直隶凤阳，掘了明皇室的祖坟，并焚毁朱元璋曾经出家的"皇觉寺"，诛杀宦官六十余人，斩中都守将朱国相。由于张献忠与李自成不合，于是分军东走。

公元1636年，后金改号为清，并且第三次入塞。高迎祥进攻西安时兵败，被陕西巡抚孙传庭所杀。李自成自此被推为"闯王"，继续征战四川、甘肃、陕西一带。

崇祯十年（公元1637年），明廷派杨嗣昌会兵10万，增饷280万，提出"四正六隅，十面张网"的策略，以图限制起义军的流动性，各个击破，最后歼灭。此策略在两年内颇见成效。张献忠兵败降明，李自成在渭南潼关南原遭遇洪承畴、孙传庭的埋伏也被击败。李自成带着刘宗敏等残部17人躲到陕西东南的商洛山中。崇祯十一年（公元1638年）八月，清兵从青口山（今河北迁安东北）、墙子岭（今北京密云东北）两路毁墙入关，发动了第四次入关作战。杨嗣昌为贯彻其"安内方可攘外"的战略,力主与清军议和,但遭到宣大总督、勤王兵总指挥卢象升的强烈反对。由于崇祯皇帝和战不定,李自成得以大难不死。

公元1639年,张献忠在谷城(位于湖北襄樊)再度起兵造反。李自成从商洛山中率数千人马杀出。公元1640年,李自成趁明军主力在四川追剿张献忠之际领残部入河南,收留饥民。郑廉在《豫变纪略》中记载李自成大赈饥民的盛况:"向之朽贯红粟,贼乃藉之,以出示开仓而赈饥民。远近饥民荷锄而往,应之者如流水,日夜不绝,一呼百万,而其势燎原不可扑"。自此李自成的军队发展至数万,并提出"均田免赋"的口号,故而当时民间流传"迎闯王,不纳粮"的歌谣。

崇祯十四年正月二十日(公元1641年1月20日),李自成攻克洛阳,杀死万历皇帝的儿子福王朱常洵,并从后园中弄出几头鹿,与福王的肉一起共煮,名为"福禄宴"。李自成在此称"奉天倡义文武大元帅"。之后在一年半之内三围省城开封,均未成功。公元1642年,李自成决黄河大堤冲毁开封,致使城中百姓遇难者甚众。李自成先后杀死陕西总督傅宗龙、汪乔年。与此同时,明朝对清朝战事不利,3月,洪承畴降清。11月,清军第五次入塞,深入山东,掠走36万人。

公元1643年1月,李自成在襄阳称"新顺王"。5月,张献忠攻克武昌,建立"大西"政权。10月,李自成攻破潼关,杀死督师孙传庭,占领陕西全境。公元1644年1月,李自成在西安

称帝,以党项人李继迁为太祖,国号"大顺"。

顺治二年(公元1645年),清军以红衣大炮攻破潼关,李自成采取避战的方式流窜,经襄阳、邓州,进入湖北,"声言欲取南京,水陆并进",试图与武昌的明朝总兵左良玉联合抗清。左良玉东进南京,去南明朝廷"清君侧"征讨马士英,不幸病死于途中。4月,李自成入武昌,但被清军一击即溃。5月,李自成在江西再败,后在湖北通山县南九宫山被忠于明朝的程九伯地方武装杀死,尸首不知去向。李自成死后,大顺军悲愤交加,随即扫荡九宫山区,对当地团练予以报复性打击。大顺军余部称李自成为先帝,其妻高氏为太后。李锦推举李自成的三弟李自敬为首领。另外,还有记载说李自成兵败后脱逃,在湖南省石门县夹山寺削发为僧,法号奉天玉和尚,一直到康熙十三年(公元1674年)才圆寂于该寺。

著名事件篇

朱升献策是怎么一回事？

在朱元璋称帝以前，所奉行的策略是朱升所提出的"高筑墙、广积粮、缓称王"。所谓高筑墙，是指加强军事防备巩固后方；所谓广积粮，是指发展经济生产，储备粮草，增强经济实力；所谓缓称王，则是指不要操之过急，过早称帝，以免树敌过多。这三条建议极具战略眼光，是朱元璋发展初期的最重要指导思想。

朱元璋在和州驻守数月之后，粮草供应成了问题。与和州相对，紧靠长江南岸的太平（今安徽当涂）、芜湖皆是盛产稻米的地方，只是因为没有船只，所以只能望江兴叹。此时恰好有两支红巾军的巢湖水军前来归附，朱元璋亲自处理合并事宜。七月间，巢湖水军千余只战船突破元军封锁抵达和州。朱元璋的步马军登上巢湖水军的船只，自和州东渡长江。抵达对岸的采石后，常遇春一马当先，率军冲杀，攻克采石，获得大量粮草。将士打算把粮食和战利品运回和州慢慢享用。见到这种情形，朱元璋果断地命人砍断船缆，任船只顺流而下，断绝退路。将士们一见无路可退，一鼓作气，在朱元璋率领下攻克太平。进入太平以后，朱元璋重申军纪，严禁掳掠，若有兵士犯禁，立即处死。因此，朱元璋的军队受到当地百姓的拥护。朱元璋置太平兴国翼元帅府，自己做元帅，并任命李善长为帅府都事。这样一来，朱元璋便开始了稳固根据地的工作。

元至正十六年（公元 1356 年）三月，张士诚在长江三角洲一带发起攻势，进攻江南元军。趁此机会，朱元璋亲率水陆大

一本书知晓明朝

军,第三次进攻集庆(今江苏南京)。第三日,攻破城外的陈兆先军营,其部36000人归降朱元璋。但是,朱元璋看出降军心存疑虑,军心不稳。于是,朱元璋就从降军中挑选了500名勇士当亲军,在夜里守卫,而自己身边,只留有亲兵统领冯国用一人。

第二天,降军得知此事,都十分感动,疑虑顿消,甘愿跟随朱元璋打天下。因此,战争进行得十分顺利,不到十天,朱元璋便攻下集庆。

朱元璋进城后,下令安抚百姓,将集庆改为应天府。小明王韩林儿获报后,升朱元璋为枢密院同佥,不久又升为江南等处行中书省平章。朱元璋在应天设天兴建康翼大元帅府,以廖小安为统军元帅,李善长为左右司郎中。

此时,虽然朱元璋已拥有十万兵力,声势比过去大了很多,但是占有的地盘依然很少,并且四面受敌。东面和南面是元军,东南是张士诚,西面是徐寿辉,虽然起义军都是反元武装,但是张、徐二人与小明王却相互敌视。不过,北面小明王、刘福通率领的红巾军主力大大牵制了元军,而且张士诚、徐寿辉的力量都不足以吞并朱元璋。朱元璋暂时没有对付不了的敌人,而且面临着一个很好的发展机会。

朱元璋当时的首要任务是巩固以应天为中心的根据地。因此在占领应天不久,朱元璋就派徐达攻取镇江。出战前,为了严明军纪,朱元璋故意以放纵士卒的罪名把徐达抓起来,并准备以军法处斩。此时,李善长出面求情,众将士不知是计,也一同求情。于是朱元璋就顺水推舟,说念在众人求情的份上,暂时免

除徐达的死罪，不过要求徐达攻下镇江后，做到不烧不抢，方可完全赦免其罪。众将见对待主将尚且如此严厉，因此，无不严守军纪，镇江很快攻下。公元1357年冬，朱元璋在一年的时间里先后攻下金坛、丹阳、江阴、常州、常熟、扬州等地，进一步控制了应天周围的战略据点。到了公元1359年，朱元璋已经占领了江苏南京、太湖以西，往南经江苏、安徽、浙江三省交界处，到浙东的一块长方形地区。和四年前刚占领应天时相比，形势大为改观。

在完成了"高筑墙"的部署之后，朱元璋便开始着手实行"广积粮"了。初期，军粮的解决主要是靠强征，即征收"寨粮"。然而长此以往，军队就会成为破坏百姓的力量，从而失去民心。为了彻底解决粮食问题，朱元璋除了动员百姓进行生产外，决定推行屯田法，大力开展军队屯田，并任命元帅康茂才为都水营用使，负责兴修水利，又分派各将在各地开垦荒田。不到几年工夫，到处兴屯，府库充盈，军粮充足。公元1360年，朱元璋下令不再征收"寨粮"，从而减轻了农民负担。为了积粮，朱元璋下令禁酒，但是其手下大将胡大海的儿子胡三舍与别人违法犯禁，私自酿酒获利。朱元璋得知以后，下令杀了胡三舍。有人求情说胡大海此时正在攻打绍兴，希望朱元璋能看在胡大海的面子上赦免胡三舍。朱元璋大怒，坚决严明军纪，并亲手将胡三舍杀掉。

在争取民心的同时，朱元璋还不断网罗人才，尤其是地主阶级的知识分子。朱元璋在应天还专门修建了礼贤馆来接待他

们。这些人在朱元璋统一全国的过程中起到了重要作用,如李善长、朱升等。朱元璋非常尊重儒士,他曾在1358年召见儒生唐解实,询问汉高帝、汉光武、唐太宗、宋太祖、元世祖平定天下之道,这足以表明朱元璋要开创一个新的封建王朝的决心。

胡蓝之狱是怎么一回事?

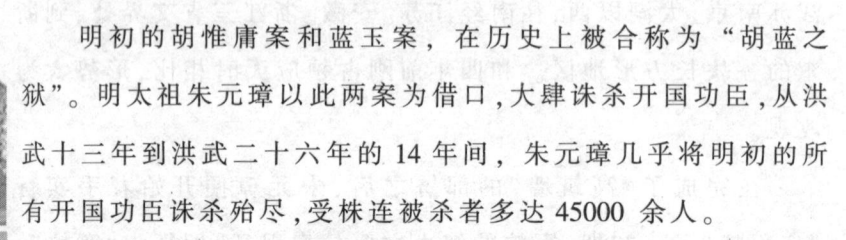

明初的胡惟庸案和蓝玉案,在历史上被合称为"胡蓝之狱"。明太祖朱元璋以此两案为借口,大肆诛杀开国功臣,从洪武十三年到洪武二十六年的14年间,朱元璋几乎将明初的所有开国功臣诛杀殆尽,受株连被杀者多达45000余人。

朱元璋出身于贫民家庭,曾入皇觉寺出家为僧,从他投身"红巾军",到建立起大明政权,戎马征战十几年。他的成功,不能不说有一大半得益于他身边一批运筹帷幄、能征善战的文臣武将。朱元璋称帝之后将这些开国功臣都封了高官。他们以李善长、胡惟庸为中心,组成了势力强大的"淮西帮"。

由李善长推举,胡惟庸当了丞相之后,飞扬跋扈,独掌生杀大权。他竟然狂妄到私自拆阅呈给皇帝的奏折,并且擅自做主,对于自己不利的奏折隐匿不报;他还经常不奏报朱元璋,私自做主裁决官员的生杀升黜大事。胡惟庸秘密在朝廷中不断培植自己的势力,并且拉拢军界。因此他的门下出现了一个文臣武将聚集的小集团。朱元璋为此深感惶恐不安,由此皇权与相权产生了激烈的碰撞。

洪武十三年,朱元璋以"擅权植党"的罪名杀死左丞相胡惟

庸，同时对与胡惟庸来往密切的官员也进行抄家灭族。并且几兴大狱，使"胡惟庸案"所牵涉的范围不断扩大，到洪武二十三年，就连开国大功臣李善长等人也以与胡惟庸"交通谋反"罪被杀。著名儒臣、文学家宋濂只因受孙子连累，全家被贬到四川，宋濂本人也病死于途中。胡惟庸案一直延续了10年之久，前后被诛杀的有几十家王公贵族，共计30000多人。

蓝玉是明朝开国功臣常遇春的妻弟，因南征北战平定边疆有功，被封为凉国公。但是蓝玉为人骄横跋扈，强占民田、广蓄庄奴，并有很多义子仗势欺人。朱元璋为此对蓝玉多次严厉申斥。洪武二十六年，特务头子锦衣卫指挥控告蓝玉"谋反"，并严刑拷打成案。不仅蓝玉全家被杀，受此案株连被杀者多达15000人。

除胡蓝两案被诛杀者之外，还有很多功臣也被朱元璋以各种借口除去，如朱元璋的亲侄儿朱文正，曾在与陈友谅大战中坚守南昌85日之久，战功卓著，最终却被朱元璋冠以"亲近儒生，胸怀凶望"的罪名，鞭挞致死；开国第一功臣徐达，曾是朱元璋患难与共的战友，但在他生背疽之际，朱元璋明知此病最忌吃蒸鹅，偏偏赐蒸鹅给他，逼着徐达当着使者之面吃下，不久病重而死。杀来杀去，最后，只剩下一个告老还乡的汤和幸免于难。

那么，朱元璋为什么要大兴"胡蓝之狱"呢？

朱元璋是一个贫民出身的皇帝。做皇帝前，朱元璋和他那帮出生入死的哥们朋友，不分彼此，平起平坐；做皇帝后，真龙

一本书知晓明朝

天子、九五之尊的身份将朱元璋神圣化,这些人突然之间要向曾经平起平坐的朱元璋三拜九叩、俯首称臣,这种巨变,他们极不适应。另外,他们在平定天下后成为新贵,占有大量的良田美宅,在政治和经济上都极力扩张。朱元璋认为这势必对自己的统治构成严重的威胁。朱元璋屡兴大狱,目的就是为了巩固自己的统治。

朱元璋从一个贫穷百姓一跃跻身于帝王之列,但其弱子幼孙能否继续坐稳江山,必然是他考虑最多的问题。朱元璋大肆诛杀开国功臣,其主观意图就是先发制人,解除外姓对其朱氏江山的觊觎和威胁,以求其朱氏天下能够千秋万载、永远延续。当他大开杀戒时,文弱儒雅的太子朱标也曾劝谏他不要滥杀无辜,以免伤了君臣和气。当时朱元璋并没有作声。第二天,朱元璋把一根棘杖丢在地上,让朱标去捡起来。朱标看到上面都是刺,面露难色。这时,朱元璋拿起棘杖,用利剑削去上面的刺,交给朱标,然后说:"你怕刺不敢拿,我替你把这些刺削掉,再交给你岂不更好?我杀的都是奸恶之人,把内部整顿好了,你才能当好这个家。"

靖难之役是一场怎样的战争?

明太祖朱元璋从洪武三年正式开始把儿孙分封到各地做藩王,先后共分封二十四子(包括燕王)。随后藩王势力日益膨胀。朱元璋死后,孙子建文帝即位。建文帝曾采取一系列削藩措施,严重威胁了藩王的利益,坐镇北平的燕王朱棣起兵反抗,随

后挥师南下,史称"靖难之役"。

明朝的藩王有封国,虽然在封国内没有行政权,却拥有相当的军事权。建文帝于洪武三十一年闰五月即位后,眼看诸王做大,不禁忧心忡忡,于是他与大臣们商讨如何处置藩王的问题。最后建文帝采纳了黄子澄的建议,八月就首削周王,并将其禁锢于京师。从建文元年(公元1399年)四月至六月,先后削湘、齐、代、岷四王。这就迫使燕王朱棣不得不先发制人,从而起兵发起了"靖难之役"。

建文元年七月初五,燕王朱棣正式起兵于北平。占领北平之后,朱棣紧接着攻占北平周围的重镇和关隘,从而使自己有了一个较为稳定的后方。

建文帝派开国元勋老将长兴侯耿炳文率领30万大军北征。八月十二日,耿炳文进驻真定后大败;建文帝又派太祖外甥李文忠之子李景隆为大将,率师50万北伐。朱棣在京郊大败南军,李景隆率残部南逃德州,北平解围。朱棣取得了北平保卫战的胜利。

建文二年(公元1400年),在白沟河大战中,南军再次惨败。李景隆逃回南京,建文帝却以他是皇亲国戚为由未加治罪。朱棣乘胜追击,本打算取道山东直扑南京,但在济南遭到山东参政铁铉的顽强抵抗,围攻数月不下,只得无功而返。是年年底,燕军在东昌(山东聊城)大战中又被盛庸击败,遭到举兵以来最为惨重的失败。

建文三年(公元1401年)三月,在夹河(漳水支流,今河北

一本书知晓明朝

武邑南)大战中,燕军击败盛庸,进而改变战略,决定绕过山东,长驱金陵,以京师号令天下。

建文四年(公元1402年)六月,朱棣率军渡过长江,李景隆、谷王朱橞开金川门迎降。六月十三日,燕兵攻入南京城。轰轰烈烈的"靖难之役"最终以燕王的胜利而告结束。

靖难之役,是明朝开国皇帝朱元璋卒后不久爆发的一场统治阶级内部争夺皇位的战争。起于建文元年(公元1399年),结束于建文四年朱棣登皇位,前后共历时四年。靖难之役属于皇族的内讧,因此战争本身并无正义非正义可言。

大礼仪之争是怎么一回事?

明世宗嘉靖15岁时,以藩王身份继承皇帝位。但他个性偏执,登基后不顾礼制,为了追封自己的生父兴献王为皇帝不惜和群臣反目。从礼法上看,如果追封兴献王为帝,那就是对正德帝(明武宗朱厚照)的不孝;如果不追封,对嘉靖个人来说就是对生父的不孝。

此事历经三年多的争斗,最终有了结果,嘉靖赢了,嘉靖的父亲兴献王最终被被追封为睿宗。历史上把这次事件称为"大礼仪之争"。

公元1521年,明正德皇帝朱厚照结束了他的一生。由于朱厚照无子嗣,因此由他的堂弟朱厚熜继位,是为明王朝第十二任皇帝嘉靖皇帝。因为朱厚熜是以亲王的身份继承大统,因此引发了著名的"大礼仪之争"。

嘉靖帝朱厚熜的父亲受封兴献王，由于他们那一脉是朱家的小宗，理学家们根据儒书的规定，认为小宗入继大宗，理应以大宗为主。朱厚熜虽不可能成为朱厚照的儿子，但必须作朱佑樘（明孝宗，明朝第十任皇帝，朱厚照的父亲）的儿子，以此来表明大宗不断，使朱厚熜的即位符合理学的规定，即所谓的"继嗣不继统"。按照这个说法，朱厚熜应该称伯父朱佑樘为父亲，称伯母朱佑樘的妻子为母亲，而改称自己的父亲为叔父，改称自己的母亲为叔母。

当此议论最初提出之时，朱厚熜虽然刚刚即位，年仅15岁，但他已然直觉地感觉到这不合伦理章法。他说："父母怎么可以如此颠倒？"朱厚熜的父亲早死，他是家中独子，当他的寡母蒋氏从亲王封地安陆（今湖北钟祥）前往北京，走到通州闻听这个消息时，立即拒绝前进，因为她不仅当不了皇太后，而且还失去了儿子，她气愤地说："这是什么话，怎么我的儿子突然就变成别人的儿子了呢？"

以首辅杨廷和、礼部尚书毛澄为首的朝臣力主尊孝宗（武宗父）为皇考，朱佑杬为皇叔父；而观政进士张璁（旋出为南京刑部主事）、南京刑部主事桂萼等迎合上意，力主尊朱佑杬为皇考。双方争论异常激烈。嘉靖三年（公元1524年）四月，明世宗追尊亲生父母为"本生皇考恭穆献皇帝"、"本生圣母章圣皇太后"，后又采纳张璁、桂萼之言，去"本生"之称。为此，朝臣二百余人跪于左顺门前力争，这使得明世宗极为恼怒，因而下旨严惩这些朝臣，下狱者134人，廷杖而死者16人。九月，明世宗尊

孝宗为皇伯考,其父朱佑杬为皇考。

国本之争是怎么一回事?

国本之争是指万历君臣围绕册立太子展开的一场历时15年的争论。

嘉靖时期的"礼议之争"曾持续多年,万历君臣围绕册立太子的问题也展开了15年的争论。因为太子是"天下之本",因此这场争论被称为"国本之争"。

明神宗大婚之后,一直没有子嗣,从太后到大臣都非常着急。一直到万历十年(公元1582年),皇长子朱常洛才呱呱坠地。

朱常洛的母亲王氏,原本是太后宫中的一名宫女。一次,神宗去探望太后,看中进而临幸了王氏,事后对此事闭口不提。不料王氏却怀孕了。太后问及此事,神宗还想抵赖,幸好太监在《内起居注》中作了记录。太后对神宗说:"我已经老了,还没有孙子,倘若王氏所生是男,也是国家的福分,何必讳言。母以子贵,有什么等级之分?"于是,神宗册封王氏为恭妃。不久,皇长子朱常洛就出生了。

恭妃虽生了儿子,但并没有因此而得宠,最得神宗宠爱的是郑贵妃。万历十四年(公元1586年),郑妃也生下皇子朱常洵。神宗见郑妃喜得贵子,比皇长子的诞生还要高兴,传旨大加庆贺。

明神宗对朱常洵非常偏爱,这使得朝臣们预感到即将面临

一个很棘手的问题：册立谁为太子？这可是牵涉到"国本"的大事，是年二月，内阁首辅申时行上疏，请求根据"有嫡立嫡，无嫡立长"的原则，册立皇长子朱常洛为太子。明神宗以长子尚年幼为由，推托说等两三年后再行册封。其实，神宗是想借机拖延，然后伺机立朱常洵为太子。与此同时，神宗决定，晋封郑妃为皇贵妃。这样一来朝臣们更着急了。户科给事中姜应麟、吏部员外郎沈璟等先后上疏，认为恭妃生皇长子，应在郑妃之前封皇贵妃，并立朱常洛为太子。神宗对此大为恼怒，斥责他们"揣摩上意，怀疑他废长立幼"，然后将他们统统贬谪。

郑妃被封为皇贵妃后，更加受到宠幸。神宗的日常生活起居均由她安排。因此，外廷官员多猜测她有意谋立自己的儿子为太子。万历十八年（公元1590年）正月初一，神宗召见申时行、王锡爵、王家屏等阁臣。申时行等乘机再次提出册立太子之事，神宗一口回绝。申时行又谏言道："皇长子已9岁了，应当启蒙读书了，请皇上让他出阁读书。"神宗自然明白，"出阁读书"只是一种形式，一旦举行，事实上就等同于承认了长子为太子。因此，神宗仍不松口，只是让朱常洛、朱常洵出来和辅臣会面，绝口不提立太子之事。十月，群臣又一次联名上疏请立太子，神宗大怒，将诸臣全部停俸。不过迫于压力，神宗不得不同意于次年册封。

到了第二年，神宗仍然没有册立之意。很多官员又重提立储之事，结果，有的被削职惩办，有的遭到廷杖。内阁大臣夹在中间左右为难。先是王锡爵以探母病为名告假回乡，接着申时

行、许国辞职离朝，最后王家屏因为势孤力弱也只得辞官。

万历二十一年（公元1593年）正月，神宗将王锡爵召回，入阁任首辅。手谕王锡爵说"立嫡不立庶"，皇长子朱常洛是庶出，不宜册立，先封为藩王。等再过几年，若皇后再无生育，再行册立。并让王锡爵为他起草上谕。王锡爵斟酌再三，拟了两道谕旨：先按神宗手谕，拟了一道，另外又拟一谕旨，建议令皇长子先拜皇后为嫡母，再行册立。王锡爵的一番苦心，神宗全然不理会。廷臣闻讯纷纷诘问王锡爵，王锡爵默然无语，不禁泪下。

外廷为立太子之事闹得沸沸扬扬，太后在后宫早有所闻。一天，神宗前来请安，她问神宗因何不立皇长子。神宗回答说："他是宫女的儿子。"太后听了极为不悦，训斥道："母以子贵，怎会有等级之分？你也是宫女的儿子！"太后原本也是宫女出身，生神宗后才晋封为贵妃的。听了太后的训示，神宗万分惶恐，连忙伏地请罪不敢起身。王锡爵得知此事，便抓住时机对神宗说："皇长子已13岁了，从古至今，哪有13岁还不读书的道理，何况是皇子！"终于迫使神宗于万历二十二年（公元1594年）让皇长子出阁讲学。

出阁之后，册立、冠婚就迫在眉睫了。朝臣连连奏请，神宗一再拖延。一直拖到万历二十九年（公元1601年），朱常洛才被正式册立为东宫太子，朱常洵被封为福王。

朱常洵受封以后，一直赖在京城，不肯到封国去。万历四十一年（公元1613年），锦衣百户王曰乾报告郑贵妃的内侍与方士勾结要谋害太子。两年后又发生了震惊朝野的"梃击案"。神

宗见舆论对郑贵妃和朱常洵十分不利，于是速速下令福王离京就藩。至此，朱常洛才算坐稳了东宫太子之位。

万历年间的国本之争，前前后后一共经历了十五年之久，很多人因此丢官罢职、下狱受杖。后人因此评论说："自古父子之间继承受命，从没有过如此这般磨难。"

明朝万历年间的援朝之战是怎样一场战争？

十六世纪下半叶，日本逐渐从纷争割据走向统一。后来，日本关白（相当于中国的宰相）丰臣秀吉战胜其他诸侯，最后完成了日本的统一。为了满足封建主和商人的需求，丰臣秀吉积极从事海外扩张活动，企图先占领朝鲜，然后以朝鲜为跳板，进而达到侵略中国的目的。

明朝万历十八年（公元1590年），丰臣秀吉致书朝鲜国王李昖，要求取道朝鲜进攻明朝，并要求朝鲜国王率兵为前导，书中言道："吾欲假道贵国，超越山海，直入于明。"又说："秀吉入明之日，王其率士卒，会军营为我前导。"

然而，朝鲜国王并没有听从丰臣秀吉的计谋。万历二十年（公元1592年），丰臣秀吉派遣小西行长、加藤正清率军十余万，战舰数百艘，大举入侵朝鲜，先后攻破釜山、王京（首尔）、开成、平壤等朝鲜大部分城池。朝鲜国王李昖逃到鸭绿江边的义州，派遣使者向明朝求援。于是明朝派遣祖承训率军援朝。但是，由于祖承训作战失利，不久便溃退回国。明朝又改派宋应昌为经略，李如松为东征提督，统领援军入朝作战。公元1593年，

一本书知晓明朝

在朝鲜军队的配合下,明军进攻平壤,击败日军小西行长的精锐部队,从而光复了平壤。平壤大捷对战争的胜利起到了决定性的作用。不久,明军与朝鲜军队又收复开成,随后又收复王京及汉江以南千余里的疆土。日本的残余部队退据釜山。

正在胜利在望之际,明朝兵部尚书石星力却主张议和。于是开始和日本和谈,明军撤兵回国。其实丰臣秀吉是假意和谈,准备休养生息,以期卷土重来。明朝派遣使者到日本议和,封丰臣秀吉为日本国王,臣服于中国皇帝,丰臣秀吉不受,因此和谈破裂。

公元1597年,明朝再派兵部尚书邢玠率军入朝增援。在明军和朝鲜军队的联合进攻下,日军屡次遭受惨败。次年,丰臣秀吉病死。中朝联军趁机反攻,日军入海逃走,明水军与日军激战于釜山南海,日军伤亡惨重。在这次海战中,明朝老将邓子龙以及朝鲜人民英雄李舜臣也壮烈牺牲。日本侵略朝鲜长达七年之久,最终以失败告终,其先占朝鲜、再吞中国的狼子野心宣告破产。

梃击案是怎么一回事?

在中国封建皇朝的礼制中,皇帝应该立皇后所生的嫡长子为太子。当皇后无所出时,则应以年长者为太子。尽管明朝数代皇帝经过特别情况而被立为帝,如明成祖起兵篡夺侄儿惠帝的皇位,明代宗景泰帝因明英宗被俘而被大臣拥立,明世宗因明武宗无子而入继大统,但明朝基本上依然是依袭这套礼制的。

明神宗万历皇帝在位期间,由于王皇后无子,因此朝臣主张立年长子为太子。皇长子朱常洛,万历十年出生,是神宗与一宫女所出;皇三子福王朱常洵,万历十四年出生,是神宗的宠妃郑贵妃所生,神宗非常希望福王为太子,郑贵纪也不断向神宗进言。不过大臣们坚持立朱常洛为皇太子,并且皇太后李氏,皇后王氏也都支持立朱常洛。

起初,神宗不断拖延,并且处分了一些支持朱常洛的大臣,以期有所转机。但东林党也支持朱常洛,这就使得支持皇长子为太子的声势更大。万历二十九年,皇长子朱常洛20岁,神宗再也无法拖延下去,只得册立朱常洛为皇太子,朱常洵为福王,封地为洛阳。

为此,郑贵妃忍无可忍,结果,终于爆发了明朝立国以来最严重的宫廷仇杀事件——梃击案。

万历四十三年(公元1615年)五月,一男子张差,手持木棍,闯入太子朱常洛居住的慈庆宫,打伤守门太监,太子内侍韩本用闻讯急忙赶到,在前殿捕获了张差。

经过御史刘廷元审讯得知,张差乃是蓟州井儿峪人,说话语无伦次、颠三倒四,但经常提到"吃斋讨封"等语。刑部主事王之寀认为事有蹊跷,觉得张差决不像疯癫之人,于是用饭菜引诱他:"实招与饭,不招当饥死。"张差低头说:"不敢说。"王之寀命令众人回避,亲自审问。

原来张差是一个乡野村夫,主要靠砍柴和打猎为生。在一个月前,张差在济州卖完货后,赌钱输了,恰好碰上一个太监,

一本书知晓明朝

太监说可以带他赚钱,张差就跟随这个太监进了京,见到另外一个老太监,老太监以酒肉款待张差。几天后,老太监带张差进紫禁城。老太监交给张差一根木棒,又让张差饮了不少酒,然后把他带到慈庆宫,并嘱咐他进宫后见人即打,尤其是见到穿黄袍者(暗指太子朱常洛),他是个奸人,一定要将他打死。老太监言明,如果打死穿黄袍者,必定重重有赏,倘若被人捉住,他也会营救张差。

张差最后供出,自己是受郑贵妃手下太监庞保、刘成所指使。

大臣们有人怀疑是郑贵妃想要谋害太子,王志、何士晋、张问达奏疏谴责外戚郑国泰"专擅"。郑贵妃为此惶惶不可终日,于是向神宗哭诉,神宗朱翊钧让她去向太子表明心迹。结果太子朱常洛不愿深究,最后以疯癫奸徒罪将张差凌迟处死。张差临死前曾言道:"同谋做事,事败,独推我死,而多官竟付之不问。"

张差死后不久,刑部、都察院、大理寺三法司前后五次会审庞保、刘成二人,由于人证已死,庞、刘二人有恃无恐,矢口否认与此案有关。六月一日,明神宗密令太监将庞保、刘成处死,此案遂就此草草了结,案情真相亦自此无从查证,因此成为明宫第一大疑案。

红丸案是怎么一回事?

万历四十八年(公元1620年)七月二十一日,万历皇帝驾崩。太子朱常洛继位,改年号为泰昌。八月初一,泰昌帝在登基

大典上，"玉履安和"，"冲粹无病容"，即行走、仪态正常，没有疾病的征象。泰昌帝在万历四十八年七月二十二日和二十四日，各发银100万两犒劳辽东等处边防将士，罢免矿税、榷税，撤回矿税使，增补阁臣，运转中枢，颇令臣民感动。

原本以为新君继位，会有一番轰轰烈烈的作为。不料登基大典后仅十天，也就是八月初十，泰昌帝就一病不起。八月十四日，泰昌帝病重，召内官崔文升治病。服用崔文升开的药后，泰昌帝不但未见好转，反而腹泻不止，一昼夜泻好多次，有的说一昼夜泻了三四十次。八月二十九日，泰昌帝召见内阁大臣，问："有鸿胪寺官进药何在？"首辅方从哲等回话："鸿胪寺丞李可灼自称有仙丹妙药，臣等未敢轻信。"泰昌帝命身边的太监速召李可灼进宫。李可灼诊视完毕之后，泰昌帝命他快快进药。诸位大臣再三嘱咐李可灼慎重用药，泰昌帝则不断催促赶快进药。当日中午，李可灼进一粒红药丸。泰昌帝先饮了药汤，气直喘。等到用完药，立即不喘了。于是称赞李可灼是"忠臣"。大臣们都惴惴不安，在宫门外一直守候。此时，一位太监高兴地出来传话：皇上服了红丸后，"暖润舒畅，思进饮膳"。当日申时（下午3—5时），李可灼又进一红药丸。次日（即九月初一），泰昌帝驾崩。这一天，他继承皇位整一个月（一说29天）。由此两粒红药丸引发的这次宫廷案件，历史上称之为"红丸案"。

这件事引得朝野上下议论纷纷。有的说泰昌帝的死是由于他自己长期忧心操劳国事和东林党人胡乱议论干预治疗而耽误病情所致，而东林党人偏偏说是服红丸所致；也有的说泰昌

帝是惑于女宠,是郑贵妃有意加害;有的大臣认为李可灼因进红丸有功,应该赏钱;有的大臣则认为李可灼罪不容诛,应罚俸一年;还有的大臣认为李可灼并非医官,不懂病理药理,应将其遣戍。一直到天启五年(公元1625年),魏忠贤上《三朝要典》,才免去李可灼遣戍之罪。这个案子前前后后总共争吵了八年,成为明宫第二大疑案。

移宫案是怎么一回事?

泰昌元年,明光宗死,当时明熹宗作为太子应当继承正统。抚养他的李选侍与心腹宦官魏进忠(原名李进忠,即魏忠贤),想利用熹宗年幼的机会把持朝政,从而引发了明宫第三大疑案——移宫案。

李选侍原本是郑贵妃宫里的一名侍女,后来在郑贵妃的训练之下,成为一名出色的美女。郑贵妃为了讨好明光宗,便将李选侍连同其他七位美女一并送给了光宗朱常洛,以期有朝一日这些美女获得光宗的宠爱,自己也好从这些女人身上取利。

李选侍入宫以后,很快讨得了朱常洛的欢心。在宫里的地位迅速攀升,很快就爬到了仅次于皇后的位子,并且替光宗抚养日后的皇太子朱由校,地位因此更加尊崇,几乎掌握了后宫的实权。李选侍还和郑贵妃保持着密切的联系,李选侍打算借助郑贵妃的力量将自己扶上皇后的宝座,郑贵妃则想利用李选侍在皇帝面前说话方便的机会,帮她实现做皇太后的梦想。

后来由于光宗病重,这两件事就拖了下来。光宗打算封李

选侍为皇贵妃,并打算当着大臣的面,告诉皇长子朱由校要视李选侍如亲生母亲,视为太皇后。但是,还没等光宗的话说完,李选侍便掀开帷幄,把皇长子朱由校叫了进去。等到朱由校再出来,立即对朱常洛说了一句:"要封皇后!"众大臣听后全都瞠目结舌。朱常洛也脸色大变,一言不发。

光宗知道这一定是自己宠爱的李选侍在幕后指使。他深知李选侍心计深沉,决不甘心久居人下,而且李选侍曾经一再要求自己立她为皇后,但是光宗始终没有答应,因为他担心李选侍一旦被册封为皇后,就可能通过她抚养的朱由校,间接地把持朝政。因此,光宗只是封她为皇贵妃。

泰昌元年(公元1620)九月初一,光宗在宫中暴毙。李选侍却依然住在皇帝、皇后的寝宫乾清宫,丝毫没有搬出乾清宫的意思。按照明朝的制度,外廷有皇极殿,内宫有乾清宫,都是属于皇帝、皇后专用的。而李选侍是打算借年仅15岁的朱由校来控制朝政,坐镇乾清宫,进而统驭后宫。

朝中大臣们看到这种情况,早就猜到了李选侍的意图,于是都在心里暗暗担忧。给事中杨涟以及大臣周嘉谟、李汝华急忙一起去见辅臣方从哲。群臣经过商议后,又一起奔向皇宫,杨涟率先奔进后宫,太监们执棍阻拦。杨涟怒斥说:"皇帝召我等至此,今晏驾,嗣主幼少,汝等阻门不容入临,意欲何为?"太监们一时不知所措,只好让路,诸臣这才得以进入。众大臣见到光宗朱常洛的灵位,不禁失声痛哭,然后请求拜见皇长子朱由校。李选侍将朱由校留在暖阁,不让他出去。宫里有个耿直的老太

一本书知晓明朝

监叫王安，他设法哄骗李选侍，这才把朱由校抱了出来。众大臣连忙叩头，齐呼万岁。朱由校站在那里，不知道到底发生了什么事，嘴里只是说："不敢当！不敢当！"群臣奏请进诣文华殿。然后，朱由校登上一顶小轿。大臣刘一璟、周嘉谟、张维贤、杨涟抬轿，仓促前行。未走数步，内侍李进忠慌忙奔来，传李选侍的口令，召皇长子回宫，并喝斥诸臣道："汝辈挟之何往？"杨涟怒叱李进忠，然后拥着皇长子而去。

进了文华殿，朱由校西向坐定，群臣行大礼拜见，并请朱由校即日登基称帝。朱由校不同意，只答应初六再登基。于是大臣进奏道："今乾清宫未净，殿下暂居此。"吏部尚书周嘉谟也说："今日殿下之身，是社稷神人托重之身，不可轻易。即诣乾清宫哭临，须臣等到乃发。"朱由校看到众臣皆如此诚惶诚恐，也知道事态严重，就点头同意。杨涟这时对随行的太监说："外事缓急有诸位大臣，调护圣躬却在诸内臣，责任重大。"朱由校毕竟还只是个十几岁的小孩子，也没有什么主意，他不想封李选侍，但又下不了决心。朱由校身边宠幸的太监王安，此时躬身跪倒说道："皇上，可不能再这样下去，陛下可立即下诏逼迫李娘搬出乾清宫。"朱由校听罢，陷入沉思。太监王安答应群臣一定尽力规劝皇上，众人这才退去。

后来，大臣们经过商议，还是决定得即日正位，于是让内官进奏，朱由校仍是不同意。众臣便在殿中坐等。此时吏部尚书周嘉谟又联合众臣合疏进奏，请求李选侍移出乾清宫，迁往别宫。御使左光斗义正言辞地指出：殿下今已16岁，内有忠直老成的

144

内官辅佐,外有朝中重臣辅佐,哪里乏人,还须李选侍像照顾婴儿一般贴身相随?如果李选侍借抚养之名而行专制之实,那武则天之祸就为期不远了!左光斗拿武则天来比喻李选侍,一则不希望出现后宫专权的情形,二是担心朱由校血气未定,把持不住,坠入当初唐高宗纳父亲后妃武则天的事情中。

朱由校听完,觉得甚是有理,于是发布上谕,说移宫已有圣旨。殊不知,李选侍此时正听取心腹李进忠的主意,准备邀朱由校与她同宫,还忿然宣言,要逮捕杨涟、左光斗等人。

这时,杨涟在宫门遇见李进忠,询问他李选侍何日离宫?李进忠摆手说:"李娘娘甚怒,今母子一宫,正欲究左御使武氏之说!"杨涟怒叱说:"误矣,幸遇我。皇长子今非昨比,选侍移宫,异日封号自在。且皇长子年长矣,若属得无慎乎?"李进忠被逼问得默然无语。

科道官员惠世扬、张泼从东宫门出来,听了此事也大惊失色,说:"今日选侍垂帘,下旨逮捕光斗。"杨涟立刻驳斥说:"绝无此事!"宫中一时人心惶惶,谁也弄不清楚是如何变局,皇帝是亲近李选侍对付朝臣,还是倾向于朝臣疏远李选侍?大臣们一个个狐疑满腹。

又过了数日,李选侍依然住在乾清宫,逍遥自在,根本没有移宫之意。于是杨涟不得不直言上奏,说:"先帝过世,人心惶危,都说选侍假借保护之名,阴图专权之实,伏请殿下暂居慈庆宫,拔别宫先迁出选侍,然后再奉驾还宫。祖宗宗社最重,宫帏恩宠为轻。如今登基已在明日,哪有天子偏处东宫之处!这移宫

一事，臣等进言在今日，殿下也当实行在今日。"随后，杨涟又去拜见方从哲。杨、方二人经过商议后，一起去请求太子颁下严令。

于是，朱由校登基在即时下令，命李选侍移出乾清宫，移居仁寿殿，并且下令收捕李选侍身边的几个亲信太监，理由是他们涉嫌偷盗大内库藏。在这种情势下，李选侍还是敌不过皇帝的一纸命令，移宫已成定局。此时群臣们倒过来劝朱由校，请求他看在先帝光宗的份上，遵照光宗的嘱托，善待李选侍母女。朱由校虽然对李选侍往日咄咄逼人的态度非常不满，但还是接受了群臣的意见。

最终，在外廷大臣的严词逼迫以及宫中太监王安的恐吓之下，李选侍终于无奈地决定移宫。九月初五，李选侍抱着皇八女，徒步从乾清宫走向宫中宫妃养老处——仁寿殿哕鸾宫。自此，这件震动宫闱的明宫三大疑案之一的"移宫案"终于落下帷幕。朱由校进驻乾清宫，登上了皇帝的宝座，是为明熹宗。

李选侍封后的梦想没有实现，做皇太后控制朝政的愿望也最终落空。关于她死赖在乾清宫不走，究竟是不是受到了郑贵妃的幕后主使，史书上并没有记载，因此无从得知。据许熙重《宪章外史续编》记载，朱由校即位之后说，李选侍命太监李进忠传话："每日章奏，必先奏看过，方与朕览，即要垂帘听政处分。"由此可见，李选侍的确有垂帘听政的野心。据此后人还推测，李选侍之所以赖在乾清宫不走，就是要和郑贵妃"邀封太后及太皇太后，同处分政事"。假如李选侍的目的实现了，或许明

朝就会先出一个"慈禧太后"了。

张居正改革都有哪些措施？

张居正，字叔大，号太岳，湖广江陵（今湖北荆州市）人，明嘉靖中叶进士。隆庆元年（公元1567年）入阁。万历元年（公元1573年）明神宗即位，张居正为内阁首辅，实行了一系列改革措施，是中国封建社会末期最为著名的改革家。

张居正从万历初年开始，就一步一步实行了他的改革。

政治上，以"尊主权，课吏职，信赏罚，一号令为主"。其核心是解决官僚争权夺势、玩忽职守的腐败之风。张居正认为当时朝野泄沓成风，贿赂盛行，民不聊生，主要原因就是"吏治不清"。他以"课吏职"即加强官吏考核为手段，淘汰并惩治了一批官员，并且严格按照"信赏罚"、"持法严"的标准执行，从而做到了赏罚有准，不姑息纵容。在他执政期间，"百官惕息"，"一切不敢饰非"，朝廷号令，"虽万里外，朝下而夕奉行"，行政效力大为提高。比如：黔国公沐朝弼因为屡犯国法，应予以逮捕，但朝廷舆论认为此事很棘手，张居正就改立沐朝弼的儿子袭爵，派飞马前去缉拿沐朝弼，沐朝弼没有反抗，被押解到京师，张居正赦免其死罪，将他幽禁在南京。再如：张居正知道御史在外经常欺凌巡抚，决定压一压他们的嚣张气焰。只要他们有一件事稍不妥当，立即加以责罚，并饬令他们的上司加以考查。又如：当时天下太平已久，四方盗贼蠢蠢欲动，甚至抢劫官府库房，地方政府常常隐匿这类事情不上报。于是张居正下令若有隐匿不报

者，即便是循良的官吏也要撤职，因此地方官再不敢隐匿实情，盗贼因此衰败。

军事上，张居正任用戚继光镇守蓟门（今河北迁西县西北），李成梁镇守辽东（今辽宁辽阳），并在东起山海关，西至居庸关的长城上加修"敌台"3000多座，加强北方的防御工事。在边疆地区实行互市政策。互市政策使得边疆政治稳定，经济繁荣，如封俺答（北方蒙古首领）为顺义王，在大同、宣府、甘肃等地立茶马互市，保持贸易往来，因此俺答长久没有侵犯边境。

张居正在经济上采取的措施主要有：

1.清查土地。张居正认为"豪民有田不赋，贫民曲输为累，民穷逃亡，故额顿减"，是"国匮民穷"的根源。公元1578年（万历六年），张居正下令在全国进行土地的重新丈量，清查漏税的田产，到了公元1580年（万历八年），统计全国查实征粮土地达七百零一万三千九百七十六顷，比弘治时期增加了近三百万顷。朝廷的赋税大大增加，因此说："自正（正德）嘉（嘉靖）虚耗之后，至万历十年间，最称富庶。"

2.改革赋税，推行一条鞭法。一条鞭法的主要内容有：(1)以州县为基础，将所有赋税包括正税、附加税、贡品以及中央和地方需要的各种经费和全部徭役统一编派，"并为一条"，总为一项收入。过去的田赋有夏粮、秋粮之分，征收上又有各种不同名目，非常繁杂，现在统一征收，使国家容易掌握，百姓明明白白，也可以避免官吏从中贪污。(2)关于徭役征派，过去有里甲、均徭、杂泛之分。里甲按户计征，不役者纳"门银"（户银）；

均徭、杂泛按丁分派，应役方式又分为力差（以身应服）和银差（纳银代役）。现在取消里甲之役，将应征的全部门银同丁银合并在一起。"丁银"的计算办法是将力差的"工"（劳动）和"食"（服役期间全部生活费用）折算为银；"银差"则按纳银数再加收少量"银耗"（碎银化铸银锭时的损耗），然后全部役银以"丁"和"地"两大类因素统一考虑编派征收，即所谓"量地计丁，丁粮毕输于官"。自此，户不再是役的一种根据，丁的负担也部分转到"地"或"粮"中。(3)赋、役之中，除国家必需的米麦丝绢仍交实物和丁银的一部分仍归人丁承担之外，其余"皆计亩征银，折办于官"。(4)官府用役，一律"官为佥募"，雇人从役。过去由户丁承担的催税、解送田粮之差、伐薪、修路、搬运、厨役等一律免除。

张居正的改革措施，既是商品货币经济发展的结果，又必然进一步促进商品经济的繁荣。张居正的改革的目的虽是为了维护大明王朝的封建统治，但他的一系列改革措施很符合当时的社会实际，因而大大促进了经济的发展。张居正也不愧为中国封建社会杰出的政治改革家。但是张居正作为一个政治家，却缺乏豁达的风度，而且他的改革触动了一些官僚集团的利益，自己又不甚检点，因此给反对派留下了很多口实。在万历十年（公元1582年）张居正病逝以后，其新法全部被推翻。

张居正一生功过参半，但作为一个封建士大夫，他能任劳任怨地工作，敢于整顿松弛的政治秩序，并且使得国富民丰，边疆安全，因此称得上是一个正直的好官。

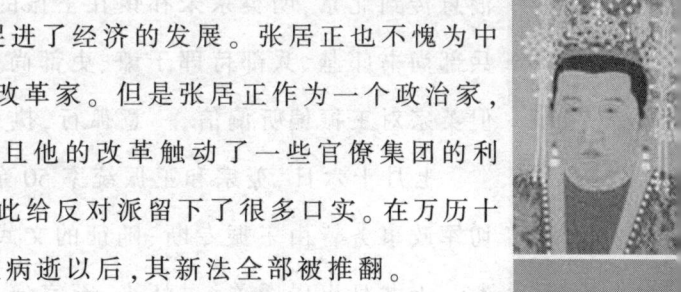

一本书知晓明朝

土木堡之变是怎么一回事？

土木堡之变是指明军在土木堡被瓦剌军打败，明英宗被俘的历史事件。

元末明初，蒙古分裂为兀良哈部、鞑靼部、瓦剌部三部。其中，瓦剌经过长期发展，势力逐渐增强，瓦剌首领也先统一蒙古之后，产生了吞并中原的野心。

明正统十四年（公元1449年）二月，瓦剌部落首领也先遣使2000余人向明廷贡马，并向明朝政府邀赏。由于宦官王振吝啬，不肯多予赏赐，并且减去马价的五分之四，没能满足他们的要求。蒙古也先借此制造衅端，并于是年七月，统率各部，分四路大举向内地侵扰。东路由脱脱不花与兀良哈部攻辽东；西路，派别将进攻甘州（甘肃张掖）；中路为进攻的重点，又分为两支，一支由阿剌知院所统率，直攻宣府围赤城，另一支由也先亲自率领，进攻大同。大同参将吴浩战死于猫儿庄。大同前线战败的消息传到北京，明英宗朱祁镇在王振的煽惑下，准备御驾亲征。兵部尚书邝埜、兵部侍郎于谦、吏部尚书王直等竭力上疏劝谏，但英宗对王振偏听偏信，一意孤行，执意亲征。

七月十六日，英宗和王振统率50余万大军从北京出发。一切军政事务皆由王振专断，随征的文武大臣皆不能参预军政事务。十九日出居庸关，过怀来，至宣府。八月一日，明军进入大同。也先打算诱明军深入，于是主动北撤。王振看到瓦剌军北撤，不知是诱敌深入之计，依然坚持北进，后来听说前方惨败，

150

才惊慌撤退。王振本打算让英宗于退兵时经过其家乡蔚州，以显示其衣锦还乡的威风，后又担心大军损坏他田园的庄稼，致使行军路线屡次更改。行至宣府时，瓦剌兵追袭而来，明军3万骑兵几乎全军覆没。十三日，英宗和王振带残兵败将狼狈逃到土木堡，而瓦剌军步步紧逼明军。土木堡地高缺水，将士们饥渴疲劳，仓猝应战。瓦剌军四面围攻，挥长刀砍杀明军，明军士兵被杀得血流成河。英宗与亲兵乘车突围，结果失败被俘。随征大军几乎全部战死，王振则被护卫将军樊忠以棰击毙。明50万大军死伤过半。历史上称此战为"土木之败"。此次大败影响深远，成为大明王朝由初期进入中期的转折点。

英宗被俘虏的消息传至京城，朝野震惊，京城大乱。群臣为应急，联合奏请皇太后立郕王朱祁钰即皇帝位。皇太后从大局出发，也同意郕王即位。朱祁钰却推辞不就。正当文武大臣及皇太后左右为难之际，英宗秘派使者到来，传口谕命郕王速即帝位。朱祁钰遂于九月初六登基称帝，是为景帝，以第二年为景泰元年，遥奉英宗为太上皇。

夺门之变是怎么一回事？

夺门之变是指中国明代将领石亨、太监曹吉祥等于景泰八年（公元1457年）拥明英宗朱祁镇复位的政变，又称作南宫复辟，因石亨等攻破南宫门，奉英宗升奉天殿复辟，故而得名。

正统十四年（公元1449年）八月，明英宗在土木之变中被瓦剌俘虏。九月，兵部尚书于谦、吏部尚书王文等拥立英宗的弟

一本书知晓明朝

弟郕王朱祁钰即位称帝，即明代宗景帝，遥尊英宗为太上皇。次年，英宗被瓦剌释放，被迎回北京，然而被景帝幽禁于南宫。景泰八年正月，景帝病重，不能临朝主事。石亨看到景帝病情严重，于是和都督张𫐓（yuè）、太监曹吉祥等密谋发动政变，拥戴英宗复辟，以邀功赏。当月十六日夜，徐有贞、石亨等人领千余兵马潜入长安门，急奔南宫，毁墙破门而入，掖（用手扶着别人的胳膊）英宗登辇，自东华门入宫，升奉天殿，并开宫门告知百官太上皇已复位。英宗复辟后，将于谦、王文逮捕入狱。后又以谋逆罪处死于谦、王文，并迫害于谦所举荐之文武官员。而所有曾帮助英宗回复帝位的功臣，如石亨、徐元玉、许彬、杨善、张𫐓与曹吉祥等人皆加官晋爵。二月，英宗将景帝废为郕王，迁于西内。

北京保卫战是怎样一次战争？

明成祖朱棣时期，蒙古瓦剌开始接受明朝的称号，并与明朝保持着臣属关系。但瓦剌军仍然比蒙古族内其他部落强大，因此他们经常发动兼并战争，吞并弱小部落。到明朝正统年间，瓦剌的势力空前强盛，控制了西起中亚、东接朝鲜、北连西伯利亚、南抵长城以北的广大地区，成为继元之后的一个最大的蒙古政权，严重威胁着明朝北部的边境安全。

明正统十四年（公元1449年）七月，瓦剌首领也先以明廷侮辱贡使、削减马价、拒绝联姻为借口，率四路大军南下，侵扰大明。明英宗听信宦官王振谗言，于七月十六日冒险亲征。在接

连失败后才慌忙决定退兵。当退至土木堡(河北怀来境内)时，明军被也先赶上，明军死伤过半，英宗被俘。

土木堡惨败的消息传至北京，举朝震动，百官惊慌失措，有人甚至主张迁都南逃。此时，兵部侍郎于谦挺身而出，坚决反对南迁，并对皇太后悉数迁都的利害。在征得皇太后的支持后，于谦被任命为兵部尚书，负责保卫北京。

于谦针对当时的危急情势，采取了一系列措施：首先，诛除宦党，平息民愤。诛杀太监王振亲信，打击宦党的气焰，从而初步稳定了内部；其次，拥立景帝，稳定政局。当时，也先挟持英宗作为攻城略地的政治工具。于谦提出"社稷为重，君为轻"的口号，拥立朱祁钰继承皇位，这样既可以使也先的阴谋不能得逞，又有利于统一部署，共同抗击瓦剌；再次，举荐人才，调兵遣将，妥善安排。于谦提拔了一批有才能的将领。同时，从各地调来勤王兵，日夜赶造武器，武装军队。并且在北京周围布置兵力，严守九门。而且日夜操练军队，迅速提高了军队的战斗力，逐步形成了一个依城为营、以战为守、分调援军、内外夹击的作战部署，准备与瓦剌军决战于北京城下。

十月初一，也先亲率一路兵马，经由大同、阳和，占领紫荆关，并长驱进入北京地区。十月十一日，瓦剌军队逼近北京。也先将军队部署在西直门以西。于谦派兵迎击瓦剌军于彰义门，击败了也先部队先锋，夺回被俘者1000多人。同时，于谦又派人率兵连夜偷袭，用以疲惫敌军。十月十三日，瓦剌军乘风雨大作，进攻德胜门。于谦命大将石亨在城外民房内设伏，然后派遣

一本书知晓明朝

小股骑兵佯败诱敌。也先不知是计,率领大批部队穷追不舍。待也先军进入埋伏圈后,于谦一声令下,明军开始反击。由于明军前后夹击,也先部队大败而归。也先的弟弟勃罗、平章卯那孩等将中炮身亡。也先发觉明军主力在德胜门,于是集中力量转攻西直门。都督孙镗率军迎战,打败也先的先锋部队。由于也先不断增兵围攻孙镗,孙镗力战不支,不得不退至城下,此时,把守城头的给事中程信,严令不许开城。同时,命城上守军发神炮、火箭轰击瓦剌军,明军又从彰义门、德胜门抽兵增援,终于打退了瓦剌军的进攻。

十月十四日,瓦剌军又改攻彰义门。于谦命守军将城外的街巷堵塞,并且在重要地带埋伏好神铳手、短枪手,然后派兵在彰义门外迎战。明军前队用火器轰击敌军,后队由弓弩压阵紧跟,击退了瓦剌军的进攻。然而就在此时,景帝所派的监军太监率数百骑兵冲击敌阵去抢功,使得明军阵势大乱。瓦剌军乘势反击,追至德胜门外。在这千钧一发的危急关头,当地百姓纷纷登上房顶,以砖石迎战瓦剌军。于谦派出的援军此时也及时赶到,打退了瓦剌军的反扑。

也先在进攻北京的过程中,处处遭到军民的抵抗。各地的百姓自发组织起来,抗击瓦剌军的侵略和掠夺。北方边陲重镇的守兵,也抱着与城共存亡的决心,誓死保卫国土。也先进攻北京各门屡遭失败,中路军在居庸关的进攻也连连受挫,而且获悉明朝各路援军即将到达。唯恐后路被切断,遂于十五日率一部人马,挟持英宗朱祁镇由良乡(今北京市房山东北)向紫荆关

撤退。

于谦发现也先军队正在撤退,于是命令石亨等集中火炮轰击也先军营,炸死瓦剌军10000余人。瓦剌军在撤退的路上,一路烧杀抢掠,掠夺了很多物资和人口。明军分路追击:石亨大破瓦剌军于清风店(今河北易县西);范广在固安大败瓦剌军。也先一路狂逃,于十月十七日撤出紫荆关,不久退居关外。东路的脱脱不花军,得知中路、西路已败,也立即撤退,并于十月二十日单独遣使进贡,与明朝议和。至此,明军完全取得了北京保卫战的胜利。

国破自缢是怎么一回事?

明崇祯十七年(公元1644年),大明王朝经历了两百多年的风风雨雨之后终于走到了尽头。明军在与农民起义军和清军的两线战斗中,屡战屡败,已经完全丧失反击的能力。

三月十七日,农民起义军围攻北京城。十八日当晚,崇祯皇帝朱由检和贴身太监王承恩登上煤山(也称为万寿山,今北京市景山),眺望着城外和彰义门一带的连天烽火,崇祯帝哀声长叹,徘徊无语。回宫后,崇祯帝写下诏书,命令成国公朱纯臣统领诸军和辅助太子朱慈良。又命周皇后、袁贵妃和三个儿子入宫,简单叮嘱了儿子们几句之后,命太监把他们分别送往外戚家避藏。崇祯帝哭着对周皇后说:"你是国母,理应殉国。"周皇后也哭着说:"妾跟从你十八年,陛下没有听过妾一句话,以致有今日。现在陛下命妾死,妾怎么敢不死?"说完解带自缢而亡。

一本书知晓明朝

崇祯帝转身对袁贵妃说："你也随皇后去吧！"袁贵妃哭着拜别崇祯，随后也自缢而死。崇祯帝又召来15岁的长公主，流着泪对她说："你为什么要降生在帝王之家啊！"说完左袖遮脸，右手拔出刀来砍中了她的左臂，接着又砍伤她的右肩，公主昏死过去。崇祯帝还砍死了妃嫔数人，并命令左右去催促张皇后自尽。张皇后隔帘对崇祯帝拜了几拜，自缢身亡。

十九日清晨，李自成的义军从彰义门杀入北京城。崇祯帝咬破手指写了一道给李自成的血书，说自己之所以有今天，都是被臣下所误，现在死了也无脸到地下见列祖列宗，只有取下皇冠，披发遮面，任由你们分割尸身，只求你们不要去伤害百姓。他将血书藏入衣襟，登上煤山，自缢于寿皇亭一棵歪脖树上，死时光着左脚，右脚穿着一只红鞋，时年33岁。贴身太监王承恩也在对面树上吊死殉国。大明王朝自此宣告终结。

李自成进城以后，将崇祯皇帝的尸体抬到东华门，搜出他身上的血书，将其葬于昌平州。当地人民又将他合葬在田贵妃墓中。清军入关以后，又将他移葬思陵，谥为怀宗，后改谥庄烈帝。南明政权谥他为思宗烈皇帝，后又改谥为毅宗。

科技文化篇

徐光启有哪些科技成就？

徐光启，明末著名科学家、农学家、政治家，中西文化交流的先驱之一，字子先，号玄扈，教名保禄，南直隶松江府上海县（今上海市）人。

徐光启的科学成就主要体现在以下几个方面：

1. 天文历法

徐光启在天文学方面的成就主要是主持历法的修订和《崇祯历书》的编译。

明代施行的《大统历》，实际上是元代《授时历》的延续，日久天长，早已严重不准。据《明史·历志》记载，自成化年间开始（公元1481年）陆续有人建议修改历法，但建议者不是被治罪，就是以"古法未可轻变"、"祖制不可改"为由遭到拒绝。万历三十八年（公元1610年）十一月日食，司天监再次预报错误，于是朝廷决定由徐光启与传教士等共同译西法，供邢云路修改历法时参考，但不久之后再度中断。直到崇祯二年五月朔日食，徐光启以西法推算最为精密，礼部奏请开设历局。以徐光启督修历法，改历工作才最终走上正轨，但后来满清入侵，再一次迫使改历工作中断，因此改历工作在明代实际并未完成。

徐光启在天文历法方面的成就，主要体现在《崇祯历书》的编译和为改革历法所写的各种疏奏之中。《崇祯历书》的编译，自崇祯四年（公元1631年）起一直到十一年（公元1638），历时

7年才宣告完成。全书共46种,137卷,是分五次进呈的。前三次都是徐光启亲自进呈(23种,75卷);后两次是徐光启死后由李天经进呈的。其中第四次仍是徐光启亲手订正(13种,30卷)的,而第五次则是徐氏"手订及半"最后由李天经完成的(10种,32卷)。

徐光启除了负责《崇祯历书》全书的总编工作之外,还亲自参加了其中《测天约说》、《大测》、《日缠历指》、《测量全义》、《日缠表》等书的具体编译工作。

2.数学

学过数学的人都知道它有一门分科叫做"几何学",然而很少有人知道"几何"这个名称的来历。在我国古代,这门数学分科并不叫"几何",而是叫"形学"。"几何"二字在中文里原先也不是一个数学名词,而是个虚词,意思是"多少"。那么,是谁首先将"几何"一词作为数学的专业名词来使用,并用它来称呼这门数学分科的呢?就是明末杰出的科学家徐光启。

徐光启在数学方面的成就,概括地说分为三个方面:(1)论述了中国数学在明代落后的原因;(2)论述了数学应用的广泛性;(3)与意大利传教士利玛窦一起翻译并出版了《几何原本》。

其中,徐光启在数学方面的最大成就是《几何原本》的翻译。《几何原本》是古希腊数学家欧几里得在总结前人成果的基础上于公元前3世纪编成的。这部世界古代数学名著,以严密的逻辑推理的形式,由公理、公设、定义出发,用一系列定理的

方式，把初等几何学知识整理成一个完备的体系。很多学者认为《几何原本》所代表的逻辑推理方法，再加上科学实验，是世界近代科学产生和发展的重要前提。换句话说，《几何原本》的近代意义不仅仅体现在数学方面，更主要的是体现在思想方法方面。

历时整一年，《几何原本》译出六卷。徐光启看着此书，感慨道："这部光辉的数学著作在此后的一百年里，必将成为天下学子必读之书，但到那时候只怕已太晚了。"

然而历史比他预感的更加悲哀。明朝覆亡，满清入主中原之后，科学再度被打入了"冷宫"。不仅《几何原本》的后半部分迟迟未能翻译，就连徐光启已经译出的前半部分也不再发行。直至晚清废科举、兴新式学堂时，几何学才成为学生的必修课程。

3.农学

徐光启出身农家，自幼就对农事极为关心。徐光启一生关于农学方面的著作颇多，如《农政全书》、《甘薯疏》、《农遗杂疏》、《农书草稿》（又名《北耕录》）、《泰西水法》（与熊三拔共译）等等。

其中，《农政全书》是其代表作品。《农政全书》主要包括农政思想和农业技术两大方面。

徐光启的农政思想主要表现在以下几个方面：

（1）用垦荒和开发水利的方法来发展北方的农业生产。我

国自魏晋以来，全国的政治中心常在北方，而粮食供给、农业中心又在南方，因而历朝历代每年需耗巨资来进行漕运，以实现南粮北调。明朝末年，漕运成为明政府财政较大的隐患之一。徐光启主张以发展北方农业生产来解决这一问题，即通过垦荒、水利、移民等来发展北方农业。

（2）备荒、救荒等荒政是徐光启农政思想的又一重要内容。徐光启提出了"预弭为上，有备为中，赈济为下"的以预防为主（即指"浚河筑堤、宽民力、祛民害"）的方针。

在农业技术方面，徐光启主要有如下成就：

（1）破除了中国古代农学中的"唯风土论"思想。"风"是指气候条件，"土"是指土壤等地理条件，"唯风土论"主张：作物是否适宜在某地种植，一切取决于风土，而且一经判定则永世不变。徐光启举出不少例证，说明通过试验可以使过去被判为不适宜的作物得到推广种植。徐光启这种思想有力推进了农业技术的发展。

（2）进一步提高了南方的旱作技术，比如种麦避水湿、与蚕豆轮作等增产技术。他还指出了棉、豆、油菜等旱作技术的改进意见，尤其是对长江三角洲地区棉田耕作管理技术，提出了"精拣核（选种）、早下种、深根短干、稀稞肥壅"的十四字诀。

（3）推广甘薯种植，总结栽培经验。

（4）总结蝗虫虫灾的发生规律和治蝗的方法。

李时珍是怎样编写《本草纲目》的？

李时珍,字东璧,晚年自号濒湖山人,湖北蕲州(今湖北省黄冈市蕲春县蕲州镇)人,生于明武宗正德十三年(公元1518年),卒于神宗万历二十二年(公元1593年)。李时珍的父亲李言闻是当地名医。李时珍深受父亲影响,对医学颇感兴趣,尤其重视本草,而且富有实践精神,肯于向劳动人民群众学习。李时珍38岁时,被武昌的楚王召去任王府"奉祠正",兼管良医所事务。三年后,李时珍又被推荐上京任太医院判。太医院是专为宫廷服务的医疗机构,当时被一些庸医搞得乌烟瘴气。李时珍在此只任职了一年,便因无法适应而辞职回乡。

在父亲的启示下,李时珍认识到,"读万卷书"固然需要,但"行万里路"更为重要。因此,他既"搜罗百氏",又"采访四方",进行深入的实际调查。李时珍穿上草鞋,背起药筐,在徒弟庞宪、儿子建元的伴随下,远涉深山旷野,遍访各地名医宿儒,搜集民间验方,观察和收集药物标本。

除了他的家乡蕲州一带之外,李时珍的足迹遍及江西、江苏、安徽等很多地方,均州的太和山、盛产药材的江西庐山和南京的摄山、茅山、牛首山等,都留下了他不辞劳苦的足迹。后人为此写下了"远穷僻壤之产,险探麓之华"的诗句,反映他远途跋涉,四方采访的生活。李时珍每到一处,必虚心地向各式各样的人物请教,其中有采药的、种田的、捕鱼的、砍柴的、打猎的

一本书知晓明朝

等等。这些人对李时珍了解各种各样的药材都有过很大帮助。比如芸苔，是治病常用的药。但究竟是什么样的？《神农本草经》中并没有说明白，很多医家也搞不清楚。李时珍询问一个种菜的老人，在他指点下，又观察了实物，才知道芸苔其实就是油菜。这种植物，头一年下种，第二年开花，种子可以榨油，因此，芸苔这种药物便在李时珍的《本草纲目》中一清二楚地解释出来了。

无论是在四处采访中，还是在自己的药圃里，李时珍都非常注重观察药物的形态和生长情况。李时珍经过长期的实地调查，又参考历代有关医药及其学术书籍800余种，并结合自身的经验和调查研究，历时二十七年，终于于万历戊寅年（公元1578年）完成了《本草纲目》的编写工作。全书约有200万字，52卷，记载药物1892种，新增药物374种，记载药方10000多个，附图1000多幅，是我国明朝药物学的总结性巨著，也是我国药物学的空前巨著。其中纠正前人错误颇多，在动植物分类学等很多方面都有突出成就，并且对其他有关学科（生物学、化学、矿物学、地质学、天文学等等）也做出了贡献。达尔文称赞这部书为"中国古代的百科全书"。这部书在国内外都受到了很高的评价，目前已经被译成多种文字传播于海外。

李时珍一生著述颇多，除代表作《本草纲目》外，还著有《奇经八脉考》《濒湖脉学》《五脏图论》等十余种著作。

李时珍于公元1593年逝世，享年75岁。他逝世后遗体被安

葬在湖北省蕲春县蕲州镇竹林湖村。

宋应星有哪些科技成就？

宋应星,字长庚,奉新县宋埠镇牌楼村人。明代科学家。万历四十三年（公元1615年），28岁的宋应星考中举人。但随后五次进京会试均告失败。不过这五次跋涉使得他见闻大增，他说："为方万里中，何事何物不可闻。"

宋应星在田间、作坊调查到很多生产知识。他鄙弃那些"知其味而忘其源"的纨绔子弟与经士之家。宋应星于崇祯七年（公元1634年）出任江西分宜县教谕（县学的教官）。在这段时期，他把长期积累的生产技术等方面的知识加以总结整理，编著了《天工开物》一书，并于崇祯十年（公元1637年）刊行。他在《序》中这样描写道："伤哉贫也！欲购奇考证，而乏洛下之资，欲招致同人，商略赝真，而缺陈思之馆（想加以验证而无钱，想与同人们讨论真伪而无场馆）。"因而只得"炊灯具（备）草"，日夜写书。宋应星一生讲求实学，反对士大夫轻视生产的态度。他对劳动人民怀着深刻的同情，而对官府压榨百姓深为不满。

除了《天工开物》之外，宋应星还著有《卮言十种》、《画音归正》、《杂色文》、《原耗》等著作，但多已失传。近年来，在江西省发现了宋应星四篇佚著的明刻本：《野议》、《论气》、《谈天》和《思怜诗》。《野议》是一部议论时局的政论，对明末政治、经济、军事、思想、文化等方面的腐败现象进行了深刻的揭露和批判，

165

一本书知晓明朝

并且提出了一些改革主张；《思怜诗》包括"思美"诗十首，"怜愚"诗四十二首，表达了作者愤世忧民的情感。《论气》和《谈天》是关于自然科学方面的著作。

《天工开物》之书名取自《易·系辞》中"天工人其代之"及"开物成务"，天工开物这四个字，是用"巧夺天工"和"开物成务"两句古成语合并而成的。前一成语的意思是说，人们用自己的聪明才智和精湛技艺，可以生产出胜过天然形成的精美物品；后一成语的意思是说，如果掌握了事物的规律，就可以把事情办成功。这两句话合并在一起，总的意思是说：只要丰富提高自己的知识技能，遵循事物发展的规律，通过辛勤劳动，就可以生产制造出生活所需要的各种物品，其精美程度完全可以胜过天然。全书按照"贵五谷而贱金玉之义"分为《乃粒》（谷物）、《乃服》（纺织）、《彰施》（染色）、《粹精》（谷物加工）、《作咸》（制盐）、《甘嗜》（食糖）、《膏液》（食油）、《陶埏》（陶瓷）、《冶铸》、《舟车》、《锤锻》、《燔石》（煤石烧制）、《杀青》（造纸）、《五金》、《佳兵》（兵器）、《丹青》（矿物颜料）、《曲糵》（酒曲）和《珠玉》共18卷。包括当时很多工艺部门世代相传的各种技术，并且附有大量插图，注明了工艺的关键。

《天工开物》全书详细叙述了各种农作物和工业原料的种类、产地、生产技术、工艺装备以及一些生产组织经验，既有大量确切的数据，又绘制了123幅插图。全书分为上、中、下三卷，又细分为十八卷。上卷记载了谷物豆麻的栽培和加工方法，蚕丝棉苎的纺织和染色技术，以及制盐、制糖工艺；中卷内容包括砖瓦、陶瓷的制作，车船的建造，金属的铸锻，煤炭、石灰、硫黄、白矾的开采和烧制，以及榨油、造纸方法等；下卷记述金属矿物的开采和冶炼，兵器的制造，颜料、酒曲的生产，以及珠玉的采集加工等。

我国古代的物理知识大都分散体现于各种技术过程的书籍中，《天工开物》也是如此。如在提水工具（筒车、水滩、风车）、船舵、灌钢、泥型铸釜、失蜡铸造、排除煤矿瓦斯方法、盐井中的吸卤器（唧筒）、熔融、提取法等中贯穿着很多力学、热学等物理知识。此外，在《论气》中，宋应星深刻阐述了发声原理及波，他在《谈天》中还指出太阳也在不断变化，"以今日之日为昨日之日，刻舟求剑之义"。

宋应星的著作具有珍贵的历史价值和科学价值。如在"五金"卷中，宋应星是世界上第一个科学地论述锌和铜锌合金（黄铜）的科学家。他明确指出，锌是一种新金属，而且首次记载了它的冶炼方法。这是我国古代金属冶炼史上的重要成就之一。宋应星记载的用金属锌代替锌化合物（炉甘石）冶炼黄铜的方法，是人类历史上用铜和锌两种金属直接熔融而获得黄铜的最早记录。

需要特别指出的是，宋应星注意从一般现象中发觉事物本质，在自然科学理论方面也取得了一些成就。

首先，在生物学方面，他在《天工开物》中记录了农民培育

水稻、大麦新品种的事例，研究了土壤、气候、栽培方法对农作物品种变化的影响，而且注意到不同品种蚕蛾杂交会引起变异的现象，这种现象说明通过人为努力，可以改变动植物的品种特性，从而得出了"土脉历时代而异，种性随水土而分"的科学结论，将我国古代科学家关于生态变异的认识推进了一步，同时为人工培育新品种提出了理论根据。

在物理学方面，新发现的佚著《论气·气声》篇是论述声学的杰出代表作。宋应星通过对各种音响的具体分析，研究了声音的产生和传播规律，并且提出了声是气波的概念。

方以智有什么科学成就？

方以智，字密之，号曼公，别号浮山愚者，后来出家为僧，法名弘智、无可、药地、浮庐、墨历等。安徽桐城人。

方以智是明末清初著名的唯物主义思想家和优秀的科学家、文学家。他对天文、地理、物理、医药、生物、历史、文学、音训等方面都有不同程度的研究，他在自然科学方面的成就主要体现在其作品《物理小识》中。所谓"物理"，概括来讲是指世界上一切事物之理，和我们今天所说的物理学之"物理"涵义有所差异。"识"通"志"，意为记。也就是说《物理小识》是一部全面记述万事万物道理的著作。该书内容涉及范围非常广泛，总共12卷，可称得上是一部自然科学方面的百科全书。

《物理小识》全书分为十五类，依次为天类、历类、风雷雨电

类、地类、占候类、人身类、医药类、饮食类、衣服类、金石类、器用类、草木类、鸟兽类、鬼神方术类、异事类。从内容来看，它主要涉及了天文、地理、物理、化学、生物、医药、农学、工艺、哲学、艺术等诸多方面。

《物理小识》不仅总结了中国古代很多科技成就，而且批判地吸收了当时西欧传来的科学知识，并且作者对其中不少问题提出了自己独特的见解，因此这本书的价值并不仅仅体现在它的实用性方面，还表现在它的科学见解方面。

例如，在卷首的"自序"和"总论"中，方以智提出："寂感之蕴，深究其所自来，是曰通几；物有其故，实考究之，大而元会，小而草木蠢蠕，类其性情，征其好恶，推其常变，是曰质测。"这其实是在哲学史上有名的"通几"和"质测"之说，是方以智从研究目的和研究方法着眼对学术活动所做的分类。在方以智看来，"通几"和"质测"是两类不同的学术活动，它们各有着不同的研究目的和研究方法。通几以事物运动的原因及征兆为研究对象，而质测的目的是探讨事物的运动规律。对学术活动做出这样的科学思考和分类，这是方以智的独创。

在天文学方面，《物理小识》不但继承了中国传统天文学的优秀成果，而且吸取了当时西方传入的先进知识。例如该书介绍西方的地圆说时说："地体实圆，在天之中……相传地浮水上，天包水外，谬矣。地形如胡桃肉，凸山凹海。"在我国古代，人们一直以来都认为天圆地平。明朝末年，传教士来华，从而使

一本书知晓明朝

地圆学说在我国传播开来，并且为一部分中国知识分子所接受，方以智便是其中之一。他所说的"地形如胡桃肉，凸山凹海"一语，形象地说明了海也是地球的一部分，这就破除了传统的"地浮水上"的错误观点。

《物理小识》非常注重追踪西方天文学的新进展，例如在卷一"历类"中，方以智就曾根据西方运用望远镜观测发现金星"有时晦、有时光满、有时为上下弦"这一周相变化事实，提出了金星、水星围绕太阳运转的正确猜测。

在物理学方面，《物理小识》更是成就卓著，尤其在光学和声学方面，成就更为突出。书中提出了被我们称之为"气光波动说"的朴素光波动学说，并且方以智在此基础上阐释了他的"光肥影瘦"主张，他认为光在传播过程中，总要向几何光学的阴影范围内侵入，使有光区扩大，阴影区缩小。方以智还以此为根据批驳了传教士有关太阳直径将近有日地距离三分之一大的说法。这些都是前无古人的学术成就。

除了上述这些之外，《物理小识》有关光的色散、反射和折射、声音的发生、传播、反射、共鸣、隔音效应以及磁效应等方面的记述和阐释，都是非常出色的。

在医药生物学方面，《物理小识》也颇有贡献。方以智在这些方面颇为用力，有关条目占全书总条目的 1/3 还要多。方以智会通中西，对人体生理、病理以及医疗、药物等诸多方面都有比较深入的研究。方以智重视吸收和引进西方医学知识，用以弥补传统医学的不足。他在书中介绍了大量西医解剖学的知识，而这方面正是传统医学的薄弱环节之一。方以智还根据西方人体生理知识，提出了"人之智愚系脑之清浊"的观点，这是对传统观点"心之官则思"的一个大胆突破。不仅如此，方以智还对传统医学颇为精通，《物理小识》曾广泛援引历代医家言论，并取各家之长加以整合。在药物学方面，《物理小识》不仅发现和改正了一些历代本草书（包括李时珍《本草纲目》）中的错误和疏漏，而且搜集整理了不少历代本草书中未曾采纳却确实行之有效的药物，因而对后世医药学做出了重大贡献。

《物理小识》中还有很多内容属于生活科学方面的知识，如其中的"洗面筋法"、"去衣垢腻法"、"藏书辟蠹法"等，这些条目为该书增添了不少"居家必备"的实用价值。

方以智一生著述颇多，除了《物理小识》，他还著有《通雅》、《药地炮庄》（此三部著作已收入《四库全书》）、《易解》、《物韵声源》、《医学会通》、《诸子燔》、《几表》、《浮山前后集》、《浮山前后编》、《东西均》等等。

徐霞客是如何写成《徐霞客游记》的？

徐霞客，名弘祖，字振之，号霞客，江苏江阴人。明代地理学家、旅行家和文学家。徐霞客经过30年的考察撰成了60万字的《徐霞客游记》，开辟了地理学上系统观察自然、描述自然的新方向。这部书既是系统考察祖国地貌地质的地理名著，又是

一本书知晓明朝

描绘华夏风景资源的旅游巨著,还是文字优美的文学佳作,在国内外都有着深远的影响。

受耕读世家的文化影响,徐霞客自幼勤奋好学,博览群书,尤其钟情于地经图志,少年时便立下了"大丈夫当朝碧海而暮苍梧"的旅行大志。

徐霞客的旅游生涯大致可以分为以下三个阶段:

第一阶段是他28岁以前的纪游准备阶段。在这一阶段,徐霞客把主要精力放在研读祖国的地理文化遗产,并凭兴趣游览了太湖、泰山等地,但是没有留下游记。

第二阶段是他28岁至48岁的纪游前段,历时20年。在这个阶段,徐霞客游览了浙、闽、黄山和北方的嵩山、五台、华山、恒山等名山,不过游记仅写了一卷,约占全书的1/10。

第三阶段是他51岁至54岁的纪游后段,历时4年。在这个阶段徐霞客游览了浙江、江苏、湖广、云贵等江南大山巨川,写下了9卷游记。

徐霞客的足迹遍及19个省、市、自治区。他不惧艰难险阻,据说他曾经三次遭遇强盗,并且曾数次绝粮,却仍然勇往直前,并一丝不苟地记下了观察结果。当他进入云南丽江时,因为足疾无法行走,却依然坚持编写《游记》和《山志》,在这个时期他基本上完成了60万字的《徐霞客游记》。公元1640年,云南地方官用车船将55岁的徐霞客送回江阴。公元1641年1月,徐霞客病逝于家中。其遗作经季会明等人整理成书,广泛流传于

后世。

　　《徐霞客游记》是一部以日记体为主的中国地理名著。徐霞客历经了34年的旅行，才终于写下了这部地理巨著。这本书包括天台山、雁荡山、黄山、庐山等名山游记17篇和《浙游日记》、《江右游日记》、《楚游日记》、《粤西游日记》、《黔游日记》、《滇游日记》等著作，除佚散者之外，还余下60余万字的游记资料，主要以日记形式记述作者1613—1639年间的旅行观察所得，对地理、水文、地质、植物等现象，都有详细的记录，在地理学和文学上都成就卓著。

　　《徐霞客游记》在地理学上的主要成就有：(1)详细考察和记述了喀斯特地区的类型分布和各地区间的差异，特别是喀斯特洞穴的特征、类型及成因。仅在中国广西、贵州、云南三个省区，徐霞客亲自探查过的洞穴就有270多个，而且一般都有方向、高度、宽度和深度的具体记载，并且初步论述了其成因，指出一些岩洞是水的机械侵蚀造成的，钟乳石是含钙质的水滴蒸发后逐渐凝聚而成的等。因此徐霞客是中国和世界广泛考察喀斯特地貌的卓越先驱。(2)纠正了文献记载的关于中国水道源流的一些错误，如否定了自《尚书·禹贡》以来流行1000多年的"岷山导江"旧说，肯定了金沙江是长江上源。而且正确指出了河岸弯曲或岩岸近逼水流之处冲刷侵蚀厉害，河床坡度与侵蚀力的大小成正比等问题。对喷泉的发生和潜流作用的形成，也有科学的解释。(3)观察记述了很多植物的生态品种，明确提出

了地形、气温、风速对植物分布和开花时间早晚的各种影响。(4)调查了云南腾冲打鹰山的火山遗迹,科学地记录和解释了火山喷发出来的红色浮石的质地和成因;在我国历史上最早对地热现象做了详细描述;对所到之处的人文地理情况,包括各地的经济、交通、城镇聚落、少数民族和风土文物等,都做了不少精彩的记述。徐霞客关于喀斯特地貌的详细记述和探索,在当时的世界地理学史上都是居于领先水平的。

《徐霞客游记》在文学上的主要特点是:(1)写景记事,全部都是从真实中来,具有浓厚的生活实感;(2)写景状物,力求精细,经常运用动态描写或拟人手法,这与前人的游记相比,显得细致入微;(3)词汇丰富,敏于创制,决不因袭套语,落入窠臼;(4)写景时注重抒情,寓情于景,情景交融,同时注意抒发人的主观感觉;(5)通过丰富的描绘手段,使游记表现出很高的艺术性,具有恒久的审美价值。

徐霞客在记游的同时,还经常兼及当时各地的居民生活、风俗人情、少数民族的聚落分布、土司之间的战争兼并等,这些多是正史稗官所不记载的,因此具有一定历史学、民族学价值。《徐霞客游记》被后人誉为"世间真文字、大文字、奇文字"。

《金瓶梅》具有怎样的价值?

《金瓶梅》成书于隆庆至万历年间。作者自署名为兰陵笑笑生。

一本书知晓明朝

《金瓶梅》是我国第一部长篇社会世情小说。它以小说《水浒传》中西门庆与潘金莲的故事作为引子，把故事引申开来，写的完全是市井平民生活，详细刻画了兼官僚、恶霸、富商三位于一体的封建恶势力代表西门庆由发迹到暴亡的罪恶生活历程，表面上是写宋代，实际上是写作者所处的明朝，深刻揭露了明代后期黑暗腐朽的政治和社会现实，具有很深刻的批判现实主义色彩。

《金瓶梅》的书名是从小说中西门庆的三个妾潘金莲、李瓶儿、庞春梅的名字中各取一字而成。亦有人认为，"金"代表金钱，"瓶"代表酒，"梅"代表女色。

《金瓶梅》是一部描写市井人物的小说，它也是我国第一部细致地描述人物生活、对话及家庭琐事的小说，所以在中国古代小说发展史上具有独特的地位。但有人认为，因为小说中充斥着一些赤裸裸的性描写，所以才对市井之民构成了某种吸引，其实这只是一种偏见，这些也并不足以掩盖它本身的文学价值，只有对传统文化有相当认知的人，才能够真正读懂读透它。

《金瓶梅》是中国第一部现实主义小说，毛主席很看重《金瓶梅》，曾先后五次评价过《金瓶梅》。毛主席把《金瓶梅》定义为"谴责小说"，当作"明朝真正的历史"来读，认为《金瓶梅》不可不看，只是"书中污辱妇女的情节不好"。

将《金瓶梅》定义为"谴责小说"，毛主席是第一人。在《金瓶

梅》里，没有对高尚人格的追求，没有对崇高理想的奋斗不止，只有对财富和享乐等欲望的追求不息。这是对人性丑恶和社会黑暗的大暴露。

毛主席之所以看重《金瓶梅》，就是因为《金瓶梅》的现实主义色彩。《金瓶梅》是我国社会现实主义小说的开山之作。明史专家吴晗在上世纪三十年代就撰文指出：《金瓶梅》反映了政治、经济、文化、习俗等等，是一部明末社会史。

现在，《金瓶梅》的价值已得到普遍认可，《美国大百科全书》、《苏联百科词典》、《法国大百科全书》等国外权威著作都说《金瓶梅》是中国第一部现实主义小说。文学评论家们说《金瓶梅》是世界文学宝库中的瑰宝，历史学家们说《金瓶梅》是一部研究明代社会的百科全书。由此可见，《金瓶梅》在文学和史学方面的价值是不可忽视的。

《永乐大典》具有怎样的价值？

《永乐大典》是编纂于明永乐年间的一部大型类书，初名为《文献大成》，是我国一部百科全书式的文献集，全书目录60卷，正文22877卷，装成11095册，共计约3.7亿字。这部大型文化宝库汇集了古今图书七八千种。但明清时期战火不断，使得《永乐大典》屡遭浩劫，所以目前仅存不到800卷。

明永乐元年（公元1403年）七月，明成祖朱棣下令解缙、姚广孝、王景、邹辑等人纂修大型类书，永乐二年（公元1404年）

十一月,《文献大成》宣告问世。

《永乐大典》收录了我国古代七八千种重要典籍,上起先秦,下至明初,在当时,这可谓是"包括宇宙之广大,统会古今之异同"。《永乐大典》收录的内容主要包括:经、史、子、集、释庄、道经、戏剧、平话、工技、农艺、医卜、文学等,科科俱到、无所不包。并且所辑录书籍,只字不易,完全按照原著整部、整篇、整段分别编入,这就大大提高了保存资料的文献价值。全书体例"用韵以统字,用字以系事",检索查阅非常方便。

参与编纂《永乐大典》的主要有:解缙,字大绅,江西吉水人,明著名作家;姚广孝,法名道衍,字斯道,自号逃虚子,苏州人,元末明初政治家、高僧;王景,字景彰,号常斋,元末明初松阳县人;另外还有邹辑等人。

冯梦龙最大的文学成就是什么?

冯梦龙,明朝著名通俗文学家、戏曲家,字犹龙,又字公鱼、子犹,别号龙子犹、墨憨斋主人、吴下词奴、姑苏词奴、前周柱史,冯梦龙的笔名还有很多。冯梦龙以其对小说、戏曲、民歌、笑话等通俗文学的创作、搜集、整理和编辑,为我国的文学做出了独特的贡献。

冯梦龙是南直隶苏州府吴县籍长洲(今苏州)人,出生于士大夫家庭。冯氏兄弟三人被称为"吴下三冯"。冯梦龙的哥哥冯梦桂是画家,弟弟冯梦熊是太学生,作品均已失传。冯梦龙自己

的诗集也早已失传,不过值得庆幸的是由他编纂的三十种著作得以传世,为我国的文化宝库留下了一批不朽的珍宝。

冯梦龙少年时就颇有才情,博学多识,并且为人旷达,治学不拘一格。万历末年,冯梦龙应麻城田姓邀请,去讲授《春秋》。天启元年(公元1621年),冯梦龙宦游在外,次年因言论得罪上司,回归乡里。天启六年,阉党逮捕周顺昌,冯梦龙也在被迫害之列。就在缇骑横行时,冯梦龙发愤著书,完成了《喻世明言》(旧题《古今小说》)、《警世通言》、《醒世恒言》的编纂工作和《古今谭概》、《太平广记钞》、《智囊》、《情史》、《太霞新奏》等的评纂工作。

让冯梦龙闻名古今的即《喻世明言》、《警世通言》和《醒世恒言》,合称为"三言"。"三言"中所收录的作品,有宋元旧篇,也有明代新作和冯梦龙自己的作品,不过已难以分辨清楚。不管是宋元旧篇,还是明代新作,都程度不等地被冯梦龙增删或润饰过。这些作品,题材广泛,内容复杂。有的是对封建官僚丑恶的谴责和对正直官吏德行的赞扬,有的是对友谊、爱情的歌颂和对背信弃义、负心行为的斥责。更值得注意的,其中有不少作品描写了市井之民的生活。如《施润泽滩阙遇友》、《蒋兴哥重会珍珠衫》、《杜十娘怒沉百宝箱》、《卖油郎独占花魁》等。在这些作品里,作者强调人的感情和人的价值应该受到尊重,所宣扬的道德标准以及婚姻原则是与封建礼教、传统观念相违悖的。比如卖油郎秦重之所以博得花魁莘瑶琴的欢心,就是因为

他忠厚老实，知情识趣，尊重人的尊严；莘瑶琴决心委身于秦重，表示"布衣蔬食，死而无怨"，就在于她看清楚那些衣冠子弟皆为酒色之徒，根本没有怜香惜玉的真心，这就在婚姻和爱情问题上提出了新标准：彼此了解、互相敬重的爱情。而门第、权势、富贵和等级等封建糟粕在这些作品里被丢进了垃圾桶。这是充满生命活力的市民思想意识的一种表现，在当时具有冲破封建礼教、争取纯真爱情的意义。

"三言"里还有一些描写神仙道化、宣扬封建伦理纲常的作品。因此"三言"既表现了资本主义萌芽时期的新思想，又在一定程度上保留了消极、腐朽、庸俗的旧意识。这种进步与落后交织在一起的现象，正是新兴市民文学的基本特征。

在艺术表现方面，"三言"中的那些优秀作品，不仅重视故事完整、情节曲折和细节丰富，还注重运用多种表现手法，刻画人物性格。正如《今古奇观序》中所言："极摹人情世态之歧，备写悲欢离合之致，可谓钦异拔新，洞心骇目。"这标志着中国短篇白话小说的民族风格和特点已经形成。"三言"是一个时代的文学，它的出现，不但使很多宋元旧篇免于湮没，而且推动了短篇白话小说的发展与繁荣。

凌蒙初有哪些文学成就？

凌蒙初，明末著名小说家，早年字玄房，号初成，又名凌波，一字遐厈(àn)，别号即空观主人，乌程(今浙江湖州)人。凌蒙初

自幼聪明好学，12岁入学，18岁补廪膳生。

凌蒙初的著作极为丰富，不过他最主要的成就还在小说和戏剧创作方面。在小说方面，他的最主要贡献是编写了拟话本小说集"二拍"，即《初刻拍案惊奇》和《二刻拍案惊奇》。这是他当时影响最大的拟话本集。凌蒙初还有不少戏剧作品，如《虬髯翁》、《颠倒姻缘》、《北红拂》、《乔合衫襟记》、《蓦忽姻缘》等。

除了小说和戏剧，凌蒙初还著有《圣门传诗嫡冢》、《言诗翼》、《诗逆》、《诗经人物考》、《左传合鲭》、《倪思史汉异同补评》、《赢滕三札》、《荡栉后录》、《国门集》、《国门乙集》、《鸡讲斋诗文》、《乙编诞》、《燕筑讴》、《南音之籁》、《东坡禅喜集》、《合评选诗》、《陶韦合集》、《惑溺供》、《国策概》等。

在凌蒙初的所有著作中，以"二拍"影响最大。《初刻拍案惊奇》、《二刻拍案惊奇》各40卷，其中"二刻"第23卷《大姊魂游完宿愿，小姨病起续前缘》与《初刻》有重复。《二刻》的第40卷则是《宋公明闹元宵》杂剧。因此，"二拍"实际上有小说78篇。凌蒙初是中国创作拟话本小说最多的一个作家。

从《初刻》的序言里，我们可以看出凌蒙初是因为受到冯梦龙所编辑的"三言"影响，因而才创作了"二拍"。在小说的取材上，凌蒙初所能见到的宋元旧本，早已被冯梦龙"搜括殆尽"，剩下的只是"沟中之断芜，略不足陈"一些琐碎无价值的东西，因此就"取古今来杂碎事，可新听睹、佐谈谐者，演而畅之"。在序言中，作者对"一二轻薄恶少，初学拈笔，便思污蔑世界，广摭诬

造，非荒诞不足信，则亵秽不忍闻"的现象表示十分愤慨，不过在"二拍"中，此类描写还是有不少。

"二拍"的很多作品是具有积极意义的。首先，有些作品反映了明代市民生活和他们的思想意识。比如《转运汉遇巧洞庭红》描写的是商人泛海经商的故事：主人翁文若虚，在国内经商破产，一次偶然和一些商人出海经商，他因为没有本钱，只好带了只值一两多银子的洞庭红，不料到了海外，竟卖了八百多两银子。在回来的路上，在过一荒岛时他又拣到了一个珍宝，因此大发横财，成了一个大富商。由此，我们联系明朝中叶后商人要求开放"海禁"的历史背景，小说反映了当时商人们追求商业利益的强烈欲望。再如《叠居奇程客得助》描写了徽州商人程宰经商致富的故事：程宰因经商失败，"怕归来受人笑话"而流落关外，后来为海神所垂爱，得其指点，先后通过囤积药材、丝绸和粗布发了横财。海神的"人弃我堪取，奇赢自可居"的指点，表现了商人的精神世界和经营准则。又如在《乌将军一饭必酬》中，王生两次贩物被劫，使他对出外经商失去信心，但他的婶母一再鼓励他："不可因此两番，坠了家传行业。"这些作品均明显体现了对商业的重视，在以往作品中实属少见，这也是明中叶后商品经济活跃，市民意识进一步发展的反映。

"二拍"中部分描写爱情和婚姻的作品，也具有一定的积极意义。比如在《李将军错认舅》中，着力描写了刘翠翠和金定之间忠贞不渝的爱情。先是刘翠翠迫使父母放弃"门当户对"的世

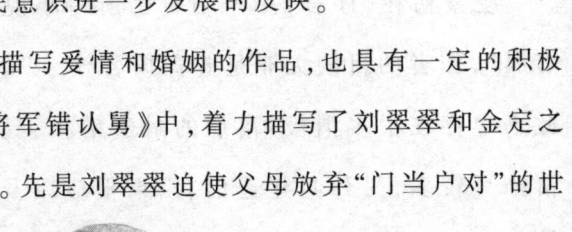

俗偏见而和金定结合，后刘翠翠被李将军掳去作妾，金定又历尽艰辛，终于找到了刘翠翠。但是迫于将军权势，二人不能以夫妻相认，最后以双双殉情来表示他们之间至死不渝的爱情。再如《宣徽院仕女秋千会》里的少女速歌失里，对父母从势利观点出发的悔盟迫嫁行为坚决抗争，终于实现了和心爱的未婚夫相结合的美好愿望。又如《错调情贾母詈女》中贾闰娘与孙小官相爱，却遭到母亲横加干涉，后历经种种曲折，这对有情人终成眷属。在这些作品中，作者实际上提出了在爱情婚姻生活中要求男女平等的观点。

"二拍"中还有一类作品，揭露了封建统治阶级的贪婪凶残、荒淫好色。比如在《青楼市探人踪》里，通过狰狞贪婪的杨金宪和狠心夺产的张廪生这两个人物形象，揭露了封建统治阶级阴险狠毒的本质，尤其是杨金宪的罪行更是令人发指，为了吞没五百两银子的贿赂，竟然杀害了张廪生主仆五条人命。再如在《王渔翁舍镜崇三宝》中，提点刑狱使者浑耀闻知住持法轮因私藏他人宝镜发了财，为夺得宝镜，他用尽各种威逼手段，直到把住持活活打死。这些作品都是对封建统治阶级的深刻揭露和批判。

凌蒙初在《序言》中申明自己所写小说是"文不足征，意殊有属"，作者的目的无非是要宣扬名教，以达到劝慰的目的。因此书中存在很多消极、落后的封建糟粕，具体表现为露骨的色情描写较多，另外封建迷信、因果报应以及宿命论的思想几乎

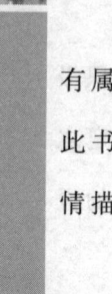

充斥了全书。

江南四大才子是指哪四个人？

江南四大才子又被称为"吴门四才子"，指的是明朝时生活在江苏苏州地带的四位才华横溢且性情洒脱的文化人。一般认为是指唐伯虎、祝允明、文征明、徐祯卿。

唐寅，字伯虎，又字子畏，别号六如居士、桃花庵主、鲁国唐生、逃禅仙吏等，有"江南第一风流才子"的美称，苏州人。明代著名书画家、文学家。在绘画方面，他与沈周、文征明、仇英齐名，并称为"明四家"。在诗词曲赋方面，唐寅与文征明、祝允明、徐祯卿并称"江南四大才子"。

唐寅自幼天资聪慧，熟读《四书五经》，博览《史记》、《昭明文选》等史籍。自幼喜好绘画，并拜名画家周臣为师，又与文征明同师沈周。

唐寅从31岁开始"千里壮游"，足迹遍及江、浙、皖、湘、鄂、闽、赣七省。由于贫困之境遇，靠卖画为生。唐寅擅长画山水，及工笔人物，尤其是仕女，笔法秀润缜密、潇洒飘逸。唐寅的传世作品主要有《骑骡归思图》、《秋风纨扇图》、《李瑞瑞图》、《一世姻缘图》、《山路松声图》等。诗词散文有《六如居士全集》。

唐寅晚年，精神空虚，"皈心佛乘，自号六如"，思想趋向解脱颓唐，并把自己的屋舍改称为庵。明嘉靖二年（公元1523年），唐寅因病去世，享年54岁。

祝允明，是明代书法家，字希哲，号枝山。因右手多生一指，所以自号枝指生，江苏长洲（苏州）人。

祝枝山自幼天资聪颖，勤奋好学，5岁时就能书一尺见方的大字，9岁就能作诗文，所以有"神童'之称。到10岁时，他已博览群书，17岁即中秀才，32岁中举人，曾任兴宁知县、应天府通判等职。由于生性放荡不羁，不满官场腐败，遂借故辞官回乡。

祝枝山集各书法家之长，领一代风骚，是吴门书派中"明中期三大家"之一。祝枝山的书法取唐虞世南、元赵孟頫书法之神，扬晋王羲之、王献之行书、唐怀素草书之势，融会贯通，自成一体，并且发展为自己的独特狂草，被誉为"明朝第一"，素有"唐伯虎的画，祝枝山的字"之说。祝枝山所书写的"六体书诗赋卷"、"草书杜甫诗卷"、"古诗十九首"、"草书唐人诗卷"以及"草书诗翰卷"等都是传世墨迹的精品。

祝枝山为人风趣洒脱，才华横溢，好游山玩水且不拘小节。由于祝允明在民间有很多趣事轶闻，因此成为很现成的创作素材，他经常以足智多谋、能言善辩、乐于助人的形象出现在《三笑》、《王老虎抢亲》等众多的戏曲艺术作品中。

祝枝山还有《江海歼渠记》、《新闻记》、《九朝野记》、《枝山前闻》、《浮物》、《老怪录》、《苏材小纂》、《怀星堂集》等书传世，并编有《兴宁县志》。

嘉靖五年（公元1526年），祝枝山去世，享年67岁，死后被葬于苏州近郊横山祝氏祖坟。

文征明，初名壁，字征明，后字征仲，号停云，别号衡山居士，人称文衡山，长洲（今苏州）人。"吴门画派"的创始人之一。吴门画派是中国明代中期的绘画派别，亦称为"吴派"，因苏州为古吴都城，有吴门之谓，而其主要代表人物如沈周、文征明、唐寅、仇英等，又都是吴郡（今苏州）人，故而得名。

文征明出生于书香门第，祖父和父亲都是文学家。但文征明幼时头脑愚钝。后来学文于吴宽，学书于李应祯，学画于沈周，终于"大器晚成"。文征明擅长山水，亦工花卉、人物。早年画风细谨，中年比较粗放，晚年渐趋醇正。其绘画作品主要有《雨余春树图》、《影翠轩图》《洞庭西山图》、《绿荫清话图》、《绿荫草堂图》、《松壑飞泉图》、《石湖诗图》等，并著有《莆田集》。其传世佳画有《千岩竞秀》、《万壑争流》、《湘君夫人图》、《石湖草堂》、《石湖诗画》、《横塘诗意》、《虎丘图》、《天平纪游图》、《灵岩山图》、《洞庭西山图》、《拙政园图》等。

文征明还擅长书法，尤其擅长小楷，篆、隶、正、草无所不能。他书写的四体千字文，成为后人临摹的范本。他与祝允明、王宠，被并誉为明中期书法"三大家"。他的传世墨迹很多，有小楷《前后赤壁赋》、《顾春潜图轴》、《离骚经九歌册》；行书有早期的《南窗记》，中期的《诗稿五种》，晚期的《西苑诗》等。

文征明卒于公元1559年，是"吴门四才子"中最长寿的一位，死后葬于吴县陆墓文陵村。

徐祯卿，字昌谷，又字昌国，常熟梅李镇人，后迁居吴县（今

苏州）。明代文学家。因"文章江左家家玉，烟月扬州树树花"之绝句而为人称颂。

徐祯卿天资聪颖，16岁便著《新倩集》，因而闻名于吴中。但是他早年屡试不第，读《离骚》有感，故作《叹叹集》。明弘治十四年（公元1501年）作《江行记》。明弘治十六年（公元1503年）与文征明合纂《太湖新录》，明弘治十八年（公元1505年）闻得鞑靼入侵，官兵抵抗失败，又作长诗《榆台行》。同年中进士，后被授予大理寺左寺副。明正德五年（公元1510年）被贬为国子监博士。

徐祯卿的主要文学成就是诗歌，其诗作颇多，号称"文雄"。及第后与明文学家李梦阳、何景明交往甚密，共同提倡复古，并与李梦阳、何景明、边贡、康海、王九思、王廷相并称为"前七子"。所作《谈艺录》，只论汉魏，六朝以后不屑一顾。虽然徐祯卿主张复古之论，但其诗格调高雅，纵横驰骋于汉唐之间，仍不失吴中风流之情。徐祯卿的著作还有《迪功集》、《翦胜野闻》、《异林》等。

徐祯卿于明正德六年（公元1511年）卒于京师，年仅33岁，死后葬于虎丘山西麓万点桥的郁家浜北端。

吴承恩是如何写《西游记》的？

吴承恩，字汝忠，号射阳山人，淮安府山阳县（今江苏省淮安市楚州区）人。我国明代著名的小说家，是四大名著之一《西

游记》的作者。

吴承恩出生于一个由下级官吏沦落为小商人的家庭，他的父亲吴锐性格豁达乐观，奉行常乐哲学。之所以为儿子取名承恩，字汝忠，意思是希望他能读书做官，上承皇恩，下泽黎民，成为一个留名青史的忠臣。吴承恩自幼勤奋好学，读书一目十行，过目成诵。他对绘画、书法、词曲、围棋等都颇为精通，而且喜欢收藏名人的书画法帖。少年时期，吴承恩就因为文才出众而闻名乡里，很多人都认为他科举及第，"如拾一芥"。

吴承恩不仅勤奋好学，而且特别喜欢搜奇猎怪，喜欢看一些神仙鬼怪、狐妖猴精之类的书籍，诸如《百怪录》、《酉阳杂俎》之类的小说或野史。这些缤纷多彩、五光十色的神话世界，对吴承恩起到了很大的潜移默化的影响。随着年龄的增长，吴承恩的这种爱好有增无减，这对他创作《西游记》有着重大的影响。30岁以后，吴承恩搜求的奇闻已"储满胸中"了，他开始有了创作的打算。在50岁左右的时候，吴承恩写了《西游记》的前十几回，后来因故中断了多年，直到晚年辞官离任回到故里，吴承恩才得以最后完成《西游记》的创作，历时7年。

青年时代的吴承恩虽然贫穷困苦，社会地位低下，却狂放不羁、轻世傲物，这为他招来了纷至沓来的讥笑嘲讽。吴承恩约20岁时，与同乡一位姓叶的姑娘结婚，婚后感情甚好。吴承恩虽然狂放，但是却品行端正，忠于自己的妻室。嘉靖十年，吴承恩在府学岁考和科考中获得了优异成绩，取得了科举生员的资

格,并与朋友结伴去南京应乡试。结果却非常不如人意,才华不如他的同伴考取了,而他这位誉满乡里的才子却名落孙山。第二年春天,他的父亲怀着遗憾离世了。吸取了初次失败的教训,吴承恩在以后三年里,一心一意地在时文上下了一番苦功,在嘉靖十三年秋的考试中却依然没有考中。吴承恩羞恨交加,于当年冬天患了重病。两次乡试的接连失败,再加上父亲的去世,对吴承恩的打击非常之大。在他看来,考不取举人,不但付资无由,而且愧对父母,有负祖先。但他并不认为自己没考取是没本事,而只是命运不济,他认为"功名富贵自有命,必须得之无乃痴?"

吴承恩一生不同流俗,刚正不阿。他之所以才高却屡试不第,很可能与他不愿作违心之论以讨好上官有莫大的关系。他厌恶腐败的官场,不愿违背本心,始终对黑暗的现实持否定和批判态度。他在《二郎搜山图歌》一诗中写道:"民灾翻出衣冠中,不为猿鹤为沙虫。坐观宋室用五鬼,不见虞廷诛四凶。野夫有怀多感激,抚事临风三叹惜。胸中磨损斩邪刀,欲起平之恨无力。救月有矢救日弓,世间岂谓无英雄?谁能为我致麟凤,长令万年保合清宁功。"吴承恩认为"民灾"的形成,社会现实的丑恶,根源就在于统治者用人不善,让"五鬼""四凶"那样的恶人当道。他想"致麟凤",行"王道",扭转乾坤,却怀才不遇,壮志未酬,所以只能空有一腔唏嘘慨叹。生活困顿给吴承恩带来的压力并不亚于科考的失利。父亲去世以后,他需要负担全家的

所有开支，但他却不具备支撑门户的能力，更没有养家活口的手段。家中的经济来源，除了每月从学府里领回的六斗米之外，只能坐吃山空，依靠父亲所留的遗产过活。吴承恩尝尽了社会人生的酸甜苦辣之后，开始更加清醒地、深沉地考虑社会人生的问题，并且用自己的诗文向不合理的社会进行抗争。

《西游记》写于明朝中期，当时社会经济虽然繁荣，但政治却日趋败坏，百姓生活困苦。吴承恩对此不合理的现象，通过故事提出批评。此作品共一百回，60万余字。分回标目，每一回目均以整齐对偶展现。

《西游记》便是吴承恩向封建社会抗争的最典型写照。《西游记》是中国古典四大名著之一，是一部优秀的神魔小说，也是一部群众创作和文人创作相结合的作品。小说以整整七回的《大闹天宫》故事为开端，把孙悟空的形象提到全书最首要的地位。第八至十二回写如来说法，观音访僧，魏征斩龙，唐僧出世等故事，交待了取经的缘起。从十三回到全书结束，讲述仙界一只由仙石生出的猴子拜倒菩提门下，法名孙悟空，苦练成一身神通，却因醉酒闯下大祸，被囚于五行山下。五百年后，观音向孙悟空指明自救的方法，即跟随唐三藏到西方取经，修成正果之日便可得救。孙悟空遂紧随唐三藏上路，途中屡遇妖魔鬼怪，孙悟空与猪八戒、沙僧以及小白龙等戮力同心，展开了一幅艰辛的取经之旅的画卷。师徒几人经过九九八十一次磨难，最终终于到达西天，取到了真经。

《水浒传》是施耐庵写的吗?

施彦端,字肇瑞,号子安,别号耐庵,江苏兴化白驹场人(一说浙江钱塘人),元末明初作家。施耐庵的祖籍是泰州海陵县,后迁居当时兴化县白驹场(今江苏省大丰市白驹镇)。

施耐庵自幼聪明好学,于元延祐元年(公元1314年)考中秀才,泰定元年(公元1324年)考中举人,至顺二年(公元1331年)又考中了进士。不久出任钱塘县尹,因替穷人辩冤纠枉遭到县官的训诉,遂辞官回家。

元至正十三年(公元1353年),白驹场盐民张士诚等十八名壮士率壮丁起义反元。张士诚因敬佩施耐庵的文韬武略,再三邀请他为军幕,施耐庵抱着建造"王道乐土"的宏大抱负欣然前往,为张士诚献了很多攻城略地的计策。后因张士诚居功自傲,独断专行,亲信奸佞,疏远忠良,施耐庵几次劝谏,张士诚却不予采纳,施耐庵遂愤然离开平江,并作《秋江送别》套曲赠予同在张幕的鲁渊、刘亮等人。自此之后,施耐庵开始浪迹江湖,替人治病解难。

后来,施耐庵进入江阴祝塘财主徐骐家中坐馆,除了教书以外,还与拜他为师的罗贯中一起研究《三国演义》以及《三遂平妖传》的创作,搜集和整理关于梁山泊宋江等英雄人物的故事,为撰写《江湖豪客传》准备素材。至正二十七年(公元1367年),朱元璋消灭了张士诚之后,到处搜捕张士诚的部属。为了

避免惹祸上身，施耐庵征得兴化好友顾逊的同意，在白驹修了房屋，从此隐居其中，专心创作《江湖豪客传》。《江湖豪客传》成书以后，定名为《水浒传》。

《水浒传》又名《忠义水浒传》，一般简称为《水浒》，成书于元末明初时期，是中国历史上第一部用白话文写成的章回体小说，也是中国古典四大名著之一。

其实，关于《水浒传》的作者究竟是不是施耐庵，历来存在争议。郎瑛在《七修类稿》中说："《三国》、《宋江》二书，乃杭人罗贯中所编。予意旧必有本，故曰编。《宋江》又曰钱塘施耐庵的本。"高儒在《百川书志》中记载："《忠义水浒传》一百卷。钱塘施耐庵的本，罗贯中编次。"李贽在《忠义水浒传叙》中提到作者时，说是"施、罗二公"。此外，田汝成的《西湖游览志馀》以及王圻的《稗史汇编》都记载说是罗贯中所作。综上所述，明人大致有三种说法：施耐庵作、罗贯中作和施、罗合作。目前学术界普遍认为是施耐庵所作。全书以民间流传的宋江起义的故事为基本素材加以加工整理，叙述了北宋末年官逼民反、梁山英雄聚众起义的故事，再现了封建时代农民起义从发生、发展到失败的历程。塑造了宋江、李逵、武松、林冲、鲁达、吴用、时迁等英雄人物形象。

《水浒传》是我国古代优秀长篇小说之一。美国著名女作家赛珍珠在将它翻译成英文时就定名为"四海之内皆兄弟"。

一本书知晓明朝

《三国演义》是罗贯中一个人创作出来的吗？

罗贯中，名本，字贯中，号湖海散人，籍贯山西太原府，一说山西省祁县；一说山西省清徐县；一说钱塘（今浙江杭州）或庐陵（今江西吉安）人。元末明初著名小说家、戏曲家，是中国章回体小说的鼻祖。

罗贯中一生著作颇多，是一位多产作家，其主要作品有：剧本《赵太祖龙虎风云会》、《忠正孝子连环谏》、《三平章死哭蜚虎子》；小说《三国演义》、《隋唐两朝志传》、《残唐五代史演义》、《三遂平妖传》、《粉妆楼》等，据说还曾和施耐庵合著《水浒传》，其最经典的代表作品是《三国演义》。

《三国演义》也是中国古典四大名著之一，是历史演义小说的经典作品。小说描写了东汉末年和三国时代以曹操、刘备、孙权为首的魏、蜀、吴三个政治、军事集团之间的矛盾和斗争。在广阔的社会历史背景下，展现了那个时代尖锐复杂又极具特色的政治矛盾和军事冲突，在政治、军事谋略方面，对后世的影响极其深远。

《三国演义》是我国第一部长篇章回体小说，中国小说之所以由短篇发展至长篇，是与说书密切相关的。宋朝时期非常盛行讲故事之风，说书成为一种职业，说书人喜欢拿古代人物的故事作为题材来评说，而陈寿的《三国志》里，人物众多，事件纷繁，故事曲折，正是撰写故事的最好素材之一。三国故事的某些

零星片段原本早已在民间流传，再加上说书人的长期演绎，内容越来越丰富，人物形象越来越饱满，故事情节也越来越曲折动人，最后由很多独立的故事逐渐组合而成了一部长篇巨著。这些各自孤立的故事在社会上经过一段漫长时期口耳相传，最后得以加工、集合成书，成为我国第一部长篇章回体小说，其实应该说这是一种了不起的集体创作，与由单一作者撰写完成的小说在形态上有显著差异。

《三国演义》开创了历史小说的先河，代表了历史小说的最高成就。自此之后，历代文人纷纷效法。在中国文学史上，历史小说便蔚然形成一股巨大潮流。到今天，中国几千年的历史，绝大部分都已编写成了各种历史小说。

汤显祖有哪些文学成就？

汤显祖，明朝末期戏曲剧作家、文学家，字义仍，号海若、清远道人，晚年号若士、茧翁，江西临川人。在中国和世界文学史上都有着重要的地位。其代表作主要有《牡丹亭》、《紫钗记》等。

汤显祖的主要文学成就在戏曲方面，代表作品是《牡丹亭》，又名《还魂记》，它与《邯郸记》、《南柯记》、《紫钗记》合称为"玉茗堂四梦"，又名"临川四梦"。

《牡丹亭》共55出，描写的是杜丽娘和柳梦梅的爱情故事，其中不少情节取自话本《杜丽娘慕色还魂》（出自《燕居笔记》）。

和话本比起来，《牡丹亭》不仅在情节和描写上作了较大改动，而且主题思想也有了极大的提高。故事的梗概是：贫寒书生柳梦梅梦见在一座花园的梅树下站着一位佳人，说同他有姻缘之分，从此柳梦梅便对她朝思暮想。南安太守杜宝之女名唤杜丽娘，才貌双全，从师陈最良读书。她由《诗经·关雎》章而伤春寻春，从花园回来后在昏昏睡梦中梦见一书生持半枝垂柳前来求爱，两人在牡丹亭畔幽会。杜丽娘自此愁闷消瘦，卧床不起。她在弥留之际要求母亲把她葬在花园的梅树下，并嘱托丫环春香将其自画像藏在太湖石底。其父升任淮阳安抚使后，委托陈最良葬女并修建"梅花庵观"。三年后，柳梦梅赴京赶考，借宿于梅花观中，在太湖石下拾得杜丽娘画像，发现就是梦中见到的佳人。杜丽娘魂游后园，与柳梦梅再度幽会。柳梦梅掘墓开棺，杜丽娘起死回生，两人遂结为夫妻。

汤显祖在本剧《题词》中写道："如丽娘者，乃可谓之有情人耳。情不知所起，一往而深，生者可以死，死可以生。生而不可与死，死而不可复生者，皆非情之至也。"汤显祖所说的"情"，是指人们的真正感情，在《牡丹亭》里表现为青年男女对自由爱情生活的追求。他所说的"理"，是指以程朱理学为基础的封建道德观念，在《牡丹亭》里表现为封建礼教和封建家长制度对青年一代婚姻自由的束缚。这种创作上的指导思想，与当时反对程朱理学的进步思潮密切相关。正是由于这种指导思想，才使得《牡丹亭》比同时代的爱情剧高出一等。剧中关于杜丽娘、柳梦梅在

梦中第二次见面的幽会，杜丽娘的鬼魂和柳梦梅相亲相爱，还魂后才正式"拜告天地"成婚的描写；关于杜丽娘不是由于爱情被破坏而死，而是由于梦中获得的爱情在现实中难以寻觅，一时感伤而死，也即所谓"慕色而亡"的描写，都使得这个剧本别具一格，作者运用这种浪漫夸张的艺术手法鲜明地表达了其要求个性解放的思想倾向。

沈周有哪些绘画成就？

沈周，明代杰出画家，字启南、号石田、白石翁、玉田生、有居竹居主人等，是明朝中期画坛上四大艺术家（另三人为文征明、唐寅、仇英）之一，人们称其为江南"吴门画派"的班首，在画史上影响深远。

沈家世代隐居于吴门，居苏州相城。他的父亲和伯父都以诗文书画闻名乡里。

沈周在元明以来的文人画领域起到了承前启后的作用。其书法师黄庭坚，绘画造诣最高，兼工山水、花鸟，亦擅长画人物，以山水和花鸟成就最高。沈周的山水画，有的是描绘高山大川，表现传统山水画的三远之景。然而其大多数作品则是描绘南方山水及园林景物，表现了当时文人生活的幽闲意趣。在绘画手法上，沈周博采众长，出入于宋元各家，主要承袭董源、巨然以及元四家黄公望、王蒙、倪瓒、吴镇的水墨浅绛体系，并且参以南宋李、刘、马、夏劲健的笔墨，将各家所长融会贯通，刚柔并用，形成粗笔水墨的新风格，自成一家。沈周早年多作小幅，40

岁以后开始作大幅，中年画法严谨细秀，用笔沉着劲练，晚岁笔墨粗简豪放，气势雄强。沈周的绘画技艺全面、功力浑朴，在师法宋元的基础上又有自己的独特创造，发展了文人水墨写意山水、花鸟画的表现技法，成为吴门画派的领袖。

沈周的代表作品现在多藏于大博物馆内，故宫博物院收藏的作品主要有《仿董巨山水图》轴、《沧州趣图》卷、《卒夷图》、《墨菜图》、《卧游图》等。南京博物院也藏有几幅沈周的精品，其中有《东庄图》、《牡丹》等。辽宁博物馆藏有两幅沈周的杰作，一幅是《盆菊幽赏图》，另一幅是《烟江叠嶂图》；此外，台湾故宫博物院还藏有一幅沈周极其著名的《庐山高图》轴。

仇英有哪些绘画成就？

仇英，字实父，一作实甫，号十洲，又号十洲仙史，太仓（今江苏太仓）人，后迁于吴县（今江苏苏州），明代著名画家。存世画迹有《赤壁图》、《玉洞仙源图》、《桃村草堂图》、《剑阁图》、《松溪论画图》等。

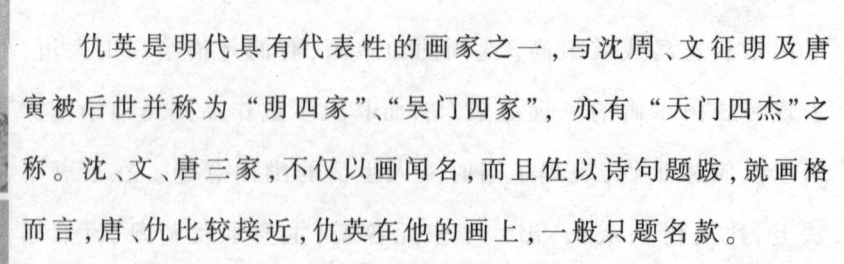

仇英是明代具有代表性的画家之一，与沈周、文征明及唐寅被后世并称为"明四家"、"吴门四家"，亦有"天门四杰"之称。沈、文、唐三家，不仅以画闻名，而且佐以诗句题跋，就画格而言，唐、仇比较接近，仇英在他的画上，一般只题名款。

仇英擅长画人物、山水、花鸟、楼阁界画，尤其擅长临摹。他功力精湛，临摹唐宋名家稿本比较多，如《临宋人画册》和《临萧

照高宗中兴瑞应图》，若与原作相互对照，几乎难辩真假。仇英的画法主要师承赵伯驹和南宋"院体"画，其青绿山水和人物故事画，形象精确，工细雅秀，色彩鲜艳，含蓄委婉，色调淡雅清丽，融入了文人画所崇尚的主题和笔墨情趣。

仇英擅长人物画，尤工仕女，注重对历史题材的刻画与描绘，他吸收南宋马和之以及元人技法，笔力刚健，尤其善于用粗细不同的笔法表现不同的对象，或圆转流畅，或顿挫劲利，既长于设色，又善于白描。人物造型准确、概括力强、形象俊美，线条流畅，对后来的尤求、禹之鼎以及清宫仕女画都产生了很大影响，成为时代仕女美的典范，后人评其工笔仕女，刻画细腻，神采飞动，精丽艳逸，是明代画作之中的佼佼者。仇英的代表作品主要有《竹林品古》、《汉宫春晓图》卷、《供职图》等。

朱耷有哪些文学成就？

朱耷，即八大山人，江西南昌人，明末清初著名画家、书法家。

朱耷是明宁献王朱权九的世孙。明朝灭亡以后，因为国毁家亡，朱耷心情悲愤，因此落发为僧，法名传綮，字刃庵，后来先后用过雪个、个山、个山驴、驴屋、人屋、道朗等号，后又入青云谱为道。朱耷在其画作上署名时，常把"八大"与"山人"竖着连写，前二字既像一个"哭"字，又似一个"笑"字，而后二字则类似"之"字，哭之笑之即哭笑不得之意。朱耷一生对大明朝忠心耿

耿，他以明朝遗民自居，始终不肯与满清合作。他的作品往往以象征手法抒发心意，如画鱼、鸭、鸟等，皆以白眼向天，充满倔强之气。这样的形象，正是朱耷自我心态的写照。朱耷的山水画，多取荒寒萧疏之景，残山败水，仰塞之情溢于纸素，可谓"墨点无多泪点多，山河仍为旧山河"，"想见时人解图画，一峰还写宋山河"。朱耷寄情于画，用书画来表达自己对已逝大明王朝的无限眷恋。朱耷笔墨特点以放任恣纵见长，苍劲圆秀，清逸横生，无论是大幅还是小品，都有浑朴酣畅又明朗秀健的风神，章法结构不落俗套，在不完美中求完美。朱耷的这种画风对后世的影响非常大。

朱耷擅长画花鸟、山水，其花鸟画承袭陈淳、徐渭写意花鸟画的传统，并发展成阔笔大写意画法，其特点是通过象征寓意的手法，对所画的花鸟、鱼虫进行夸张，以其奇特的形象和简练的造型，使画中形象突出，主题鲜明，甚至把鸟、鱼的眼睛画成"白眼向人"，以此来表现自己桀骜不驯、愤世嫉俗、"不与世俗同流合污"的性情，从而创造了一种前所未有的花鸟造型。